RAKE

VERLAG

W0059499

Katrin Lange

101 GRÜNDE

Ohne Eltern zu leben

RAKE
VERLAG

2. Auflage 2002
© Rake Verlag 2000
Alle Rechte vorbehalten
‹info@rake.de›
www.rake.de
Umschlagbild von Martin Perscheid
Autorenporträt von Patrick Pritscha
Druck und Bindung Memminger MedienCentrum
Printed in Germany
ISBN 3-931476-49-9

Für Karl Ernesto, Albert John, Salvador René,
Katharina Ulrike, Marie Alice
– die Kinder, deren Mutter ich vielleicht einmal sein werde.

VERSUCH EINES VORWORTES

Ursprünglich wollte ich das Buch schreiben: 101 Gründe, nicht erwachsen zu werden. Als dann der Verlag anrief, ich solle lieber die 101 Gründe ohne Eltern zu leben aufschreiben, hatte ich plötzlich so viele Eingebungen, Erinnerungen, Beispiele aus Verwandtschaft und Bekanntschaft, daß ich nach drei Wochen unter all den Gründen sogar auswählen konnte. Wieviele Kindheitstraumata um mich herum traten da zutage: Schuhe putzen müssen, Mittagsschlaf, stetig reine Hände, Haarewaschen mit einem Lappen vor den Augen, böses Wiederaufleben von Strick- und Kunstlederhosen, um hier nur einige zu nennen, vorab, denn es folgen noch 96 weitere!

Natürlich weiß ich, daß es Vorteile hat, Eltern zu haben, sind sie es doch, die unsere Wäsche waschen und uns zu essen geben. Ja, eigentlich sind sie sogar die Ursache, daß es uns überhaupt gibt – wenn man denn ganz von vorn beginnen möchte. Aber wie sagte mal ein kluger Mensch in einer deutschen Fernsehserie: Das Problem ist nicht, sie zu lieben. Das Problem ist, mit ihnen zu leben.

Deshalb halte ich es da mit Herbert Grönemeyer: Kinder an die Macht! Denn um nichts anderes geht es.

I. «ERWACHSENE» GRÜNDE

Die gelten auch für Eltern, denn Eltern sind Erwachsene ganz besonderer Art, nämlich welche mit Verantwortung! Doch abgesehen davon ist schon der Umgang mit Erwachsenen an sich für uns Kinder oftmals nicht einfach, sehen sie doch Probleme, wo gar keine sind, ekeln sich vor Dingen, an denen sich nichts Ekliges finden läßt und auch sonst sind Erwachsene eher schwierig. Bei Eltern fallen diese Verhaltensmuster schon daher mehr ins Auge, da wir in der Regel täglich mit ihnen konfrontiert sind, und ungläubig müssen wir mitansehen, was sie als «Erwachsenen-angepaßtes-Verhalten» verstehen und praktizieren und wofür uns ganz offensichtlich jegliches Verständnis fehlt – um das zu erlangen, müssen wir wohl erst selbst erwachsen werden, doch bis dahin bleibt uns hoffentlich noch viel Zeit, denn ...

GRUND 1: ERWACHSENE EKELN SICH VOR SPINNEN

In einer Neubauwohnung hat man ja leider selten Glück, frei lebende, sozusagen «wilde» Tiere zu erleben. Und wenn man es doch mal hat, währt es gewiß nicht lange. Wie das mit Agathe. Letzten Sonntag schlug ich die Augen auf und sah erst einmal einen ungeheuer interessanten Schatten, der sich über die Zimmerwand bewegte. Er sah aus wie ein kleines Monster mit einem Knubbelkörper und acht gaaanz langen, dünnen Beinen. Eines davon schien es gar als Antenne zu benutzen. Als ich näher herankam, sah ich sie: Agathe!

Agathe war eigentlich eine ganz gewöhnliche Hausspinne, die mal eben im Sonnenstreifen in meinem Zimmer an der Wand entlangmarschierte. Dabei schien sie es nicht eilig zu haben, obwohl Spinnen schon recht schnell laufen können, wenn man sie schubst. Nun, jedenfalls guckte ich ihr eine Weile zu, wie sie dort entlanglief, und weil sie so ein schönes Tier war, habe ich sie irgendwann eingefangen. Sicher, ich hatte ein wenig Mühe, daß sie mir auf dem Weg ins Schlafzimmer der Eltern nicht verlorenging, aber wir kamen beide dort an. Ich ließ mich neben Mama auf die Bettkante fallen und sagte nur: «Guck mal ...» Die Mutti schlug die Augen auf und im gleichen Moment die Decke zurück, sprang wie von einer Tarantel gestochen (von denen ich in unserer Wohnung leider noch keine gesehen habe) auf und schrie bloß immer wieder: «Weg! Weg! Tu die weg!» Dabei war sie den Tränen nahe, was ihr üblicherweise nicht oft passiert. Papa war unterdessen auch wachgeworden und gleich noch kreidebleich dazu und konnte gerade noch mit letzter Kraft kaum hörbar sagen: «Du bringst das Tier jetzt bitte sofort auf den Balkon und stürzt es über die Brüstung!» Das hieß Ausnahmezustand, denn wenn ich schon mal auf den Balkon darf, dann keinesfalls in die Nähe der Brüstung. Also nahm ich Agathe und ging mit ihr auf den Balkon. Sie nun einfach runterzustürzen, wie Papa es wollte, brachte ich denn doch nicht übers Herz, aber ich half ihr zärtlich in einen der Blumenkästen, die dort stehen. Wenn sie mag, kann sie sich ja abseilen.

Inzwischen ging ich zurück ins Schlafzimmer, in dem Mama und Papa noch immer ein wenig derangiert herumsaßen und Mutti sagte: «Jetzt wäschst du dir gleich erstmal die Hände! Ist ja eklig!» Also so schmutzig waren Agathes Füße ja nun doch nicht! Und haben sie nicht neulich erst vorgelesen, daß Spinnen nützliche Tiere sind?

GRUND 2: ERWACHSENE RASIEREN SICH

Am deutlichsten wird das am Papa am frühen Morgen. Möglicherweise wurde man schon angekratzt von ihm begrüßt, bevor er im Bad verschwunden ist. Dort gibt er sich dann dem hin, was er Rasur nennt. Nun scheint diese eine ganz heikle Angelegenheit zu sein, denn wohingegen man ihm schon mal den Rücken einseifen oder auch die Haare shampoonieren darf, darf man bei der Rasur allerhöchstens zugucken. Meist aber nicht einmal das, weil wir ihn damit nervös machen würden, wie er sagt. Dabei hat die Sache für uns in erster Linie einen Spaßfaktor, und so ganz logisch ist sie wohl nicht.

Als erstes nimmt der Papa die Dose mit dem Rasierschaum. In der Sprühflasche ist der natürlich am besten, weil wir ihn so besser für unsere ersten Graffiti-Versuche an der Badezimmerwand verwenden können. Aber der Papa denkt im Gegensatz zu uns nicht an Graffiti, sondern nimmt seinen Rasierpinsel (der für kreative Akte ebenfalls bestens geeignet ist!) und schlägt Schaum. Den pinselt er sich ins Gesicht in Form eines nicht vorhandenen Bartes. Dabei können wir schon mal testen, wie der Vater in dreißig Jahren als Opa unserer Kinder wohl aussehen wird, wenn er es bis dahin aufgegeben hat, sich zu rasieren. Aber statt nun erst einmal ein Frühstück einzunehmen oder in aller Ruhe die Zeitung zu lesen, nimmt der Papa gleich seinen Rasierer und beginnt zu kratzen und zu schaben. Das macht nicht nur ein äußerst komisches Geräusch, sondern entfernt auch gleich den so mühevoll geschlagenen und mit Sorgfalt aufgetragenen Schaum. Der wird achtlos ins Waschbecken geklatscht, wo er in einer Lache sehr heißen Wassers schwimmen darf, in dem Papa hin und wieder auch seinen Rasierer schwenkt. Wenn nun der ganze Schaum aus dem Gesicht ist (abwischen hätte es ja vielleicht auch getan?), holt der Papa ein Fläschchen mit einer stark riechenden Flüssigkeit hervor, die er sich großflächig ins Gesicht klatscht. Meist verzieht er dasselbe dabei so, als habe er sich sehr wehgetan. Scheinbar vergeht das aber rasch, denn wenig später sieht der Vater zwar glücklicher, aber nur wenig anders aus als vorher.

Neulich habe ich Mama überrascht, die sich den Schaum auf die Beine schmierte. Das fand ich ungeheuer innovativ, doch auch sie hatte nichts Eiligeres zu tun, als die weiße Pracht gleich wieder runterzuschaben. Nun, ich werde sehen, ob ich diesen Unsinn nicht abschaffen kann, wenn ich groß bin.

GRUND 3: ERWACHSENE SIND KINDISCH

Diesen Zug an Erwachsenen zu erkennen, ist allerdings an Voraussetzungen geknüpft. Am günstigsten ist ein noch kleineres Kind als man selber ist, am besten eins, das noch gar nicht weiß, wie es lang geht in der Welt und deshalb jeden anlächelt. Gleich wird man einen Erwachsenen, in diesem Fall zumeist Frauen, rufen hören: «Ach, wie süß!» Als hätten sie mal eben abgebissen! Noch schlimmer wird es, wenn das Kind dann auch noch gickst vor Vergnügen. Plötzlich trifft den Erwachsenen ein Schlag und er kann sich nur noch lauthaft äußern mit so fürchterlichen Sachen wie: «digidigidi» oder «dududu» (da möchte man doch gleich kontern mit: «Sie! Sie! Sie!»). Manchmal finden sie recht schnell die Sprache wieder, was aber nicht heißen muß, daß damit auch die Intelligenz zurückkommt. Da hört man dann solche Sachen wie: «Na so eine süße Nase. Und diese Ohren erst. Hat er die von der Mama oder vom Papa?» Natürlich von keinem von beiden. Jeder hat das Recht auf eine eigene Nase und ein eigenes Paar Ohren!

Zu allem Überfluß wird dann auch noch jede Regung des Kindes kommentiert, als könnte der zweite Erwachsene, der sich jetzt ebenfalls über den Wagen beugt, nicht selber gucken: «Schau mal, wie hübsch er lacht, und wie er schon boxen kann.» Aber am wirklich allerschlimmsten ist die Frage: «Na wo isser denn?» Als hätte man je wirklich die Chance gehabt, sich irgendwo vor ihnen zu verstecken.

II. DIE ALLGEMEINEN GRÜNDE

... erklären schon einiges, aber noch lange nicht alles. Trotzdem sind sie ein guter Einstieg in die ganze Problematik der elternspezifischen Eigenheiten, unter denen wir, wie das Beispiel unserer Vornamen zeigen wird, mitunter ein Leben lang zu leiden haben. Und während sich die Kindergartengründe eines Tages erübrigt haben werden, machen uns die allgemeinen Gründe das Leben schwer – dabei könnte alles so einfach sein!

GRUND 4: ELTERN VERSCHLAFEN IHR GANZES LEBEN

Die erste Eigenschaft unserer Eltern, die wir an ihnen bemerken, ist ihre Müdigkeit. Kein Morgen, an dem wir aufwachen und sie vielleicht schon wach wären! Dabei gibt es so viel zu entdecken! Sonnenflecken auf der Kinderzimmertapete, Schatten, die man dorthinein machen kann, der Inhalt unseres Schrankes, der Inhalt der Schränke im Wohnzimmer, die Knöpfe und Tasten der Stereoanlage, die Töpfe im Regal in der Küche ... Doch wie rankommen, wenn man erbarmungslos im Kinderbett gefangen ist?

Zuerst begnügen wir uns noch damit, unsere Hände und Füße in den Mund zu stecken, an ihnen rumzulutschen, auch mal hineinzubeißen, aber das ist nichts im Vergleich zum Abenteuer «große weite Welt», auch wenn die sich zunächst auf die Umgebung unseres Kinderzimmers beschränkt! Wenn wir inzwischen gelernt haben, uns allein auszuziehen, üben wir das ein Weilchen, doch meist liegen wir wenig später splitterfasernackt im Bett, und kalt ist es auch. Angesichts all dieser Tatsachen beginnen wir dann doch ein kleines Geschrei – immerhin ist es schon zehn Minuten nach sechs! – und Mutti oder

Vati kommen dann auch meist, jedoch wach sind sie nicht! Mit müden Augen beugen sie sich zu uns herunter und sehen wirklich jämmerlich aus, ihre Reaktionsfähigkeit beim gemeinsamen Spiel läßt sehr zu wünschen übrig, ihr Lächeln wirkt gequält und aufgesetzt – mit ihnen ist einfach nichts anzufangen!

Leider passiert das alles in einem Alter, in dem wir das Sprechen noch nicht so perfekt beherrschen, denn dann würden wir schon fragen, warum sie eigentlich immer erst so spät ins Bett gehen und ob das sein müßte, denn sie sehen doch, wie es ihnen am nächsten Tag geht!

Grund 5: Unsere Vornamen

Schon allein dieser Grund würde in vielen Fällen ausreichen, sich von den Eltern zumindest zu distanzieren, wenn nicht gar loszusagen. Als ich meine Freundin Dalia anrief, um ihr von diesem Buch zu erzählen, und auch den Grund vorlas «Unsere Vornamen», sagte sie bloß: «Oh ja!» Nun ist Dalia gewiß ein schöner und klangvoller Name, aber eben gewöhnungsbedürftig, wie viele andere auch.

Wie kommen nun Eltern auf unsere Vornamen? Als erstes gibt es gewisse Modenamen. Da standen in den letzten Jahren Philipp, Felix, Max und Moritz recht hoch im Kurs, bei Mädchen waren es Namen wie Sarah, Lara, Leonie. Dann gibt es noch die Variante, die Kinder nach Großeltern oder anderen namhaften Persönlichkeiten zu nennen. Das wird wohl auch mal bei meinen Kindern der Fall sein, kam doch der zukünftige Vater dieser Kinder auf die Idee, sein Kind Basilius nennen zu wollen, was bei jedem, der den Namen hört, gleich Zusammenhänge mit Gewürzen oder russischen Zwiebeltürmen heraufbeschwört. Zudem heißt Basilius «der Erleuchtete». Man stelle sich bloß mal vor, er hat das Sprachtalent seines Vater geerbt, sitzt im Lateinunterricht und hat keinen Schimmer ...

Auch lassen unsere Eltern in ihrem Überschwang bei der Auswahl unserer Namen mitunter außer acht, daß es für uns das größte ist, zur Einschulung bereits die Buchstaben und die Aussprache unseres Namens zu kennen und ihn auch zu schreiben. Das wird natürlich erheblich erschwert bei Namen wie Jean, Roger, Jacqueline, Pamela. Und ein Dschonätn wird wohl in der Schule eher ein Jonathan sein und ein Bendschämien ein Benjamin, oder sogar nur noch ein Benny. Es gibt auch nicht umsonst die Witze, in denen Frau Grube ihr Mädchen unbedingt Claire nennen will und Frau Schweiß davon abgeraten wird, ihren Sohn Axel zu taufen. Immerhin sind wir es, die ein Leben lang unter unserem Namen leiden müssen, sei es durch Spott oder Sich-überhaupt-nicht-mit-ihm-identifizieren-können oder ständiges Ihn-buchstabieren-müssen oder ähnliche Unannehmlichkeiten, die sie uns mit einer gewissenhafteren und überlegteren Auswahl unseres Vornamens leicht hätten ersparen können.

Grund 6: Eltern brauchen eine Steuererklärung

Jedes Jahr, es hat gerade erst so harmonisch begonnen, fällt der folgenschwere Satz: «Wir müssen unsere Steuererklärung machen.» Diesem Ereignis geht meist ein großer, grauer Brief voraus, den Papa schon mit einem Brummen öffnet und dann mit einem Seufzen liest. Die nun folgenden Wochen sind angefüllt mit dem Ausmisten sämtlicher Schubladen der Schrankwand und des Schlafzimmerschrankes. Da werden unbeantwortete Briefe und unbezahlte Rechnungen gefunden, und hin und wieder Belege über dieses und jenes. Diese werden in einen Ordner geheftet, der zu diesem Zwecke fein säuberlich angelegt wurde – zu Beginn des Vorjahres –, der aber, wie der des Vorjahres, erhebliche Lücken aufweist. Mama kramt sicherheitshalber noch mal in der Altkleidertüte und befördert doch tatsächlich noch eine Büromaterial-Quittung aus Papas Jackettasche. Papa dagegen ist damit beschäftigt, anhand zweier alter Kalender und des Familienplaners das Fahrtenbuch zu rekonstruieren, das im letzten Jahr immerhin bis Mitte August geführt wurde. Dabei fällt ihm auf, daß er für dieses Jahr noch gar keines hat.

Wenn dann ein ansehnlicher Berg irgendwelcher Papiere, Papierchen, Zettel und Zettelchen zusammengetragen ist, wird darum gelost, wer auf Arbeit weniger zu tun hat und damit den ganzen Haufen fotokopieren darf. Dann folgt die Hauptsache: das Steuererklärungswochenende. Diesem gehen zahlreiche Abende voraus, angefüllt mit Diskussionen darüber, ob denn nun ein Steuerberater nötig sei oder nicht. Papa sagt nein, Mama sagt ja, Papa sagt irgendwann, der Steuerberater koste Geld, worauf Mama erwidert: «Gut, wir können es ja auch ohne versuchen», worauf Papa antwortet: «Warum denn nicht? Schließlich können wir ihn von der Steuer absetzen ...» Das Ende solcher Diskussionsabende habe ich noch nie erlebt, aber das ist auch nicht wichtig, denn das Steuererklärungswochenende kommt so oder so.

Es ist so ziemlich das Einzige, an dem morgens halb acht der Wecker klingelt und Mama und Papa eher auf sind als ich. Nach einem kurzen Frühstück nehmen beide am Eßtisch im Wohnzimmer Platz und ordnen wahlweise Kopien und/oder Belege zu kleinen Stapeln. Außerdem sind sie bewaffnet mit Taschenrechnern und unzähligen Blättern leeren Papiers. Den ganzen Vormittag tun sie nichts weiter als rechnen und schreiben und schreiben und rechnen, dazwischen kramen sie in ihren Stapeln, ordnen sie neu, legen sie beiseite, zerren sie wieder heran und wenn alles gut geht, besinnt sich einer um die Mittagszeit und öffnet eine Dose Linsen oder Kartoffelsuppe, die sie mir aufwärmen. Sie selbst essen kaum und sind frühestens gegen Abend überhaupt wieder ansprechbar.

Am Sonntag stehen sie dann nicht ganz so früh auf, aber wieder stecken sie ihre Köpfe zusammen, lesen sich vor, was sie auf ihre Zettel geschrieben haben, vergleichen, korrigieren und wenn alles gut geht, überträgt dann der Papa nach der Tagesschau im Schein der Eßtischlampe die gemeinsamen Ergebnisse in irgendwelche Tabellen. Am Montag nimmt er diese Papiere sicherheitshalber noch mal mit zum Steuerberater seiner Firma, der selbst dafür Honorar bekommt, daß er sie nur noch mal durchliest.

Jedenfalls kann beobachtet werden, daß eine große Last von «den Alten» abfällt, wenn einer auf die Frage des anderen: «Hast du die Steuererklärung abgeschickt?» mit «Ja.» antwortet.

GRUND 7: ELTERN ESSEN SPINAT

Abgesehen davon, daß sie das tun (und das allein wäre schon ausreichend Grund, elternlos aufzuwachsen!), versuchen sie doch auch immer wieder, uns einzureden, daß ausgerechnet Spinat sooo gesund ist. Dabei ist Spinat vor allem eins: grün! Der giftige Trank, den die Hexen in den Bilderbüchern den Prinzen geben, ist auch grün! Schon das müßte ihnen doch zu denken geben! Aber nichts dergleichen! Außerdem sagen die Erwachsenen immer, Spinat enthalte besonders viel Eisen. Also, ich hab mal einen Magneten reingeworfen – das hat rein gar nichts bewirkt!

Und dann die Form! Erbsen z.B. sind hübsch rund. Radieschen auch. Möhren können sogar viereckig sein. Blumenkohl sieht aus wie Blumenkohl und Broccoli wie Broccoli. Salat erkennt man daran, daß er ein Blatt ist, aber Spinat? Der sieht doch nun wirklich aus wie ein Stück von einer Kuh, nämlich wie das, was hinten rausfällt! Und ausgerechnet das sollen wir essen? Also, daß wir uns nicht vor Spinnen ekeln, heißt noch lange nicht, wir ekelten uns vor gar nichts!

GRUND 8: ELTERN MÖGEN KEINE COLA

Das allerdings halte ich für ein Gerücht, denn Eltern mögen Cola sehr wohl, doch glauben sie wieder einmal, an einer Stelle vernünftig sein zu müssen, an der es gar nicht notwendig ist. Denn wie sonst könnten sie uns ausgerechnet die Cola immer und immer wieder verbieten, wenn nicht mit dem Hinweis auf das Koffein, zu viel Zucker und daß sie die Zähne und den Magen kaputtmache? Ja, wenn sie uns das Trinken von Bier untersagen wollten, wäre die ganze Sache ja noch bis zu einem gewissen Grade einzusehen. Immerhin enthält Bier Alkohol und Alkohol ist ein anerkanntes Suchtmittel, im Gegensatz zu Koffein, bei dem die suchtmachenden Werte doch erheblich höher liegen. Auch wird einem von Bier schwindelig und und man redet dummes Zeug, wenn man nur genug davon getrunken hat. Von Cola hingegen kann man trinken soviel man will und fällt weder um, noch verliert man seinen Verstand. Auch wachsen unsere Zähne nochmal nach, unser Magen ist weit belastbarer als die Eltern für möglich halten und die zu vielen Kalorien, die Cola angeblich hat, haben wir ganz schnell wieder abtrainiert durch ständiges Rumgerenne im Garten oder im Hof.

Aber was auch immer wir sagen werden: Cola ist und bleibt ein Festtagsgetränk und so können wir nur versuchen, die Zahl der Festtage zu erhöhen, indem wir schon früh beginnen, Gartenparties für unsere Freunde zu geben und mindestens zwanzig Kinder zum Kindergeburtstag einzuladen, denn das sind dann zwanzig Feste, zu denen wir dann eingeladen werden, und dort gibt es hoffentlich ganz viel von diesem schwarzen, schaumigen Getränk, ohne das zu leben uns zwar möglich wäre, wozu wir uns aber ungern gezwungen sehen.

Grund 9: «Iss einen Apfel!»

Das ist wohl der am häufigsten gebrauchte Satz auf langen Autofahrten, sobald man geäußert hat, daß man einen leichten Durst verspürt. Und wahrscheinlich ist es auch der am meisten gehaßte Satz in eben dieser Situation, weil ein Apfel Standardobst auf jeder Autofahrt ist, dabei aber den Durst keineswegs so gut löscht wie z.B. eine Apfelsine (die aber kleckert), und der, wenn man Pech hat, entweder so hart ist, daß man bemerkt, daß man schon wieder lange nicht beim Zahnarzt war, oder einfach so sauer, daß man den Durst vor Schreck vergißt, oder beides und dann ist alles zu spät!

Tun wir also den Eltern einen Gefallen und helfen ihnen beim Proviantkauf, denn nur so haben wir die Gewähr, daß auch wiederverschraubbare Flaschen mit Kindercola oder auch mit Wasser im Korb landen, die Tüte mit den Äpfeln allerdings auf dem Weg zur Kasse irgendwie abhanden kam.

Grund 10: Eltern sind auch die Eltern meiner Geschwister

Wie man es dreht und wendet – Geschwister sind eine Plage. Ich hatte das Glück, ein eigenes Zimmer zu haben, was vieles wahrscheinlich angenehmer gemacht hat, aber keineswegs leichter. Denn große Brüder sind doof und ältere Schwestern sind noch belastender. (Und das weiß ich ganz genau, denn ich bin eine ältere Schwester!)

Es gibt mehrere Aspekte, die die Geschwisterbeziehung erheblich belasten. Zum ersten wäre da das Teilen. Alles muß man teilen. Der Bruder hat stundenlang mit dem Feuerwehrauto gespielt und ist immer noch ganz vertieft in sein TatüTata, aber sobald man die Knete hervorholt und sich an den Tisch gesetzt hat, ist er da und will auch Knete. Nun reicht die Knete aber gerade mal für den großen Gartenzwerg, den man bauen will. Zuerst ningelt er, dann ningelt er lauter, dann ningelt er noch lauter, dann kommt Mutti, vielleicht auch Vati, und dann die berühmten Worte aus ihrem Mund: «Es ist doch genug Knete für euch beide da. Gib ihm ein Stück ab, bitte!» Dabei ist das «Bitte» schon recht bedrohlich ausgesprochen, so daß man im allgemeinen nachgibt und aus dem Zwerg nur noch ein Zwerglein wird, das der Bruder dann auch noch für eine Knetekugel hält, so daß es ihm kurz darauf zum Opfer fällt.

Ein anderes Beispiel: «Ich will mit.»

Da hat man mit der Freundin ganz wichtige Dinge zu besprechen, wie z.B. die neuen Intim-Seiten der Bravo oder die Fernsehserie, die man ja eigentlich noch gar nicht sehen darf, und schon hängt einem wieder dieses Geschwister auf den Fersen. Ob Bruder oder Schwester ist egal – es nervt! Man läuft Zickzack, versteckt sich hinter der nächsten Häuserecke, ist mit dem Fahrrad schneller als die Tour de France – und vielleicht, mit viel Glück, erfolgreich.

Die dritte Situation ist die gefürchtete Frage: «Wer war das?» Da zeigt sich, ob es doch eine Art Geschwisterliebe gibt oder zumindest eine gewisse Loyalität. Die Frage wird nämlich immer dann gestellt, wenn irgendwas zu Bruch gegangen oder sonst irgendwie versaut ist. Wenn man Glück hat, schütteln alle den Kopf und werden gemeinschaftlich bestraft. Das kann dann damit enden, daß man einen Schokoriegel oder die neuen Filzstifte abtreten muß – oder bekommt. Im schlimmeren Fall aber wird man verpetzt und das ist das Übelste überhaupt, weil man erstens nicht mehr erpressen kann (wegen eventueller Wiederholungstat) und zweitens wie ein Feigling dasteht. Und beides ist wirklich nicht erstrebenswert.

Wie also ersichtlich ist, sind Geschwister kein Gewinn, sondern Grund für häuslichen Unfrieden und ein stetiges Ärgernis, das zu haben man sich leider nicht aussuchen kann. Dabei haben wir nicht einmal Schuld an Rangeleien und Streit und

Gezeter und Geschrei! – Wir haben uns um dieses «Neben-kind» nicht gerissen, sondern sie wollten es unbedingt, die Eltern! Also sollten sie jetzt nicht von uns verlangen, uns mit diesem Störenfried zu vertragen!

GRUND 11: ELTERN HABEN SEX

Ja, man hört immer wieder, daß das so ist, aber ich glaube nicht, daß wir uns mit dieser Tatsache einfach so abfinden sollten, ist sie doch dahingehend eine sehr ernste Angelegenheit, da sie schnell zu Grund 10 führen kann, und das heißt: Geschwister.

Um dieses zu verhindern, sollten wir uns nicht scheuen, zu-mindest alles zu versuchen, beginnend mit Drei-Monats-Koli-ken, später mit allgemeinem Geschrei, das entsprechend lange dauert. Sind wir schon älter, sollten wir mittels vorgegebener Angstzustände oder Alpträume Einlaß ins elterliche Bett suchen, und wenn dieser trotzdem hartnäckig verwehrt wird, ist Bettnässen vielleicht ein Mittel, damit die Schlafzimmertür wenigstens offen bleibt. Sind wir noch älter, bleiben wir am besten so lange auf, daß die Eltern ganz sicher todmüde ins Bett fallen, und sollte das nichts bringen, haben wir eben, kurz nach-dem sie in ihrem Schlafgemach verschwunden sind, noch eine Frage zur Chemie-Aufgabe, die uns der Vater hoffentlich noch erklären kann vor der Arbeit morgen, denn er will doch nicht, daß wir am Schuljahresende sitzenbleiben!

GRUND 12: ELTERN HALTEN VORTRÄGE

Manchmal drängt sich einem irgendwie der Verdacht auf, die Eltern haben uns Kinder nur zur Welt gebracht, damit immer jemand da ist, der ihnen zuhören muß, denn Eltern lieben es, Vorträge zu halten! Sei es über die Bedeutung der Matheaufgaben und des vor uns liegenden Schuljahres, rumliegende Turnschuhe, überhaupt unsere angebliche Unordnung, die Rangfolge im Bad, die Mithilfe im Haushalt, die höhere Familienpolitik im allgemeinen und im besonderen, unsere Freunde (was für uns wahrscheinlich wenig erfreulich ist) und so weiter und so fort. Und da sie uns zu höflichen Menschen erzogen haben, können wir unseren Unmut schlecht mittels zur Decke gedrehten Augen oder gelangweiltem Gesicht ausdrücken, es sei denn, wir wollen Ärger!

Dabei können Vorträge durchaus sinnvoll, interessant, ja direkt spannend sein, nämlich wenn sie im Zoo oder im Museum erfolgen, nur leider sind diese Vortragsumstände viel seltener, als z.B. das tägliche Abendbrot, von dem man noch nicht einmal wegbleiben kann, denn essen muß der Mensch schließlich!

Wollen wir dagegen mal einen Vortrag halten über die Löcher im Käse oder das Verpuppungsverhalten der Schmetterlinge, haben die Eltern plötzlich gar keine Zeit oder stellen trocken fest: «Mit vollem Mund spricht man nicht!»

GRUND 13: «... UND IN AFRIKA VERHUNGERN DIE KINDER!»

Dieses völlig unüberlegte, weil absolut dumme, Argument können sich viele Eltern nicht verkneifen, wenn wir wieder einmal unser Schulbrot nicht aufgegessen haben. Dabei müßten sie doch noch viel besser als wir wissen, daß nicht nur in Afrika Kinder hungern, sondern auch in Asien und Lateinamerika. Und was sollte es bringen, unser nicht gegessenes Schulbrot in eines dieser Länder zu schicken? Bis es dort ankäme, wäre es schon vergammelt und damit ungenießbar. Und wie lange könnte eine Klappstulle für ein Kind reichen? Überhaupt: in welchem Land sollten wir anfangen? Nee, liebe Eltern! Da sind ganz andere Maßnahmen nötig, um den Hunger in der Welt zu bekämpfen und darüber solltet Ihr Euch Gedanken machen als uns mit solch dämlichen Ermahnungen zu kommen, denn: wenn wir unser Schulbrot aufessen, verhungern die Kinder auch!

GRUND 14: ELTERN KÜMMERN SICH NICHT UM UNSERE HAUSTIERE

Da hat man Woche um Woche geredet, um wenigstens ein winziges Haustier zu bekommen. Sich um ein Pferd zu bemühen, wäre von Anfang an aussichtslos gewesen. Der Schäferhund wurde zum Terrier, dann zur Katze, schließlich zum Meerschwein und nun zum Hamster. Dabei schläft das Tier den ganzen Tag! Beim Streichelversuch beißt es erst einmal so, daß auffällt, daß die letzte Tetanus-Impfung schon wieder zu lange her war. Wenn man dann abends doch mal müde ist und ins Bett geht, dann beginnt dieser Hamster garantiert, wie irr im Käfig rumzurennen, zu buddeln, am harten Brot zu nagen, im Laufrad zu quietschen. Zu allem Überfluß hört er auch nicht auf seinen Namen, wo man doch mindestens sechs Mathestunden (und gleichlautende Note) brauchte, um sich selbst zu «Putzi» durchzuringen. Wen wundert es da, daß man ihn nicht mehr leiden kann! Und dann muß man diese undankbare Kreatur füttern, putzen, den Käfig saubermachen, ihn auch mal suchen, wenn er doch wieder ein Loch genagt hat (das fünfte diese Woche!), mit ihm «spielen», weil Mutti weigert sich einfach! Sie sei von Anfang an gegen ein Tier gewesen und gegen einen Hamster sowieso. Aber war sie es nicht, die letztendlich mit uns in die Zoohandlung gefahren ist, uns von Ratten und Vogelspinnen wegzerrte und dann entzückt vor den Hamsterkäfigen stand und sagte: «Ach wie süß!»? Und die dann sagte: «Nicht wahr, der da mit dem lustigen Fleck an der Nase, der

gefällt dir doch auch ...»? Und die dann nicht nur Hamster-
futter, sondern auch noch die Super-Hamster-Spielebahn,
Hamster-Mineraltropfen und Hamster-Leckerlis einkaufte?

Warum also soll ich mich um das Vieh kümmern?

GRUND 15: ELTERN MÖGEN KEINE STEINE

Es ist Urlaub. Die Familie ist ans Meer gefahren oder geflogen,
wobei die Geographie keinen besonderen Einfluß auf dieses
Problem hat, denn Steine gibt es fast überall. Wir als Binnen-
bewohner lieben das Meer natürlich, verbinden mit ihm unend-
liche Weite, rauhe Winde, Salzgeschmack auf den Lippen, eine
wilde Romantik. Und Sammeln. Wir sammeln so ziemlich
alles, was der Strand zu bieten hat. Treibholz, Muscheln, kleine
Krebse und eben auch Steine. Da gibt es rote und graue,
schwarze und grüne, einfarbige und gemusterte. Und es gibt
runde und eckige, flache und dicke, welche, die rauh sind und
auch ganz glatte, durchgehende und welche mit Loch. Bei so
einer Vielfalt fällt die Auswahl natürlich schwer. Also sammeln
wir. Diesen und jenen, zuerst nur kleine, dann auch größere,
bis auch mal einer darunter ist, der die Maße eines kleinen
Pflastersteines hat. Wenn die Eltern ihren Unmut über unsere
neuentdeckte Leidenschaft bis hierhin noch ganz gut im Griff
hatten, werden sie doch so langsam mißmutig, zumal es mit
der Zeit auch nötig wird, daß einer mit tragen hilft! Wenn man
Geschwister hat, kann man auf die zurückgreifen, wenn man
nicht bereits von ihnen gerade um Tragehilfe gebeten wurde.
Gemeinsam schleppt man also die Schätze ins Ferienquartier,
wo sie zur nochmaligen Begutachtung ausgebreitet werden.
Nun werfen die Erziehungsberechtigten doch mal einen Blick
auf unseren recht ansehnlichen Haufen und haben nichts
Besseres zu tun, als uns darauf hinzuweisen, daß wir die
unmöglich mit heimnehmen können. Ist man in den Urlaub

geflogen, haben sie sogar noch die Flugvorschriften hinter sich, die nur eine bestimmte Menge Gepäck bis zu einem gewissen Gewicht zulassen. Ist man per Auto an den Urlaubsort gelangt, werden die Begründungen schon fadenscheiniger, aber in jedem Fall wird es bei höchstens fünf bis zehn Steinen pro Person bleiben, die mit in das Elternhaus gelangen, denn mehr kann man unter ihren scharfen Blicken leider nicht verstecken. Wobei natürlich mal wieder vergessen wird, daß diese Steine nicht einmal Geld gekostet haben, im Gegensatz zu den Souvenirs, die sich die Eltern mitbringen, und die auch Platz brauchen, und vor allem im Gegensatz zu dem Porträt, das sich Mutti letztes Jahr in Italien anfertigen ließ, und das nicht nur äußerst sperrig war, sondern ihr auch überhaupt nicht ähnelte!

GRUND 16: ELTERN KLETTERN NICHT AUF BÄUME

Es ist nicht so, daß wir das je von ihnen verlangen würden, doch sie lassen uns auch nicht klettern, und das ist ungerecht! Dabei ist es doch mit das Größte, sich an einer borkigen Rinde Halt zu suchen beim Aufstieg auf den nächsten Ast. Der Nervenkitzel, ob uns dieser auch trägt, ist toll, und die Sicht von so einem Baum einfach super. Wenn dann noch Obst dranhängt, hat sich die Mühe doppelt gelohnt, und was gibt es Schöneres, als in einer Astgabel an den Stamm gelehnt zu sitzen und einen eben erbeuteten Apfel zu verzehren?

Auch ist so ein Baum ein herrliches Versteck und ein Geschichtenerzähler dazu, der uns berichten kann über sein langes Leben durch Blätterrauschen und Ästeknarren. Manchmal kommt eine kleine Raupe des Weges oder ein anderes Insekt, und wieder einmal wissen die Eltern nicht, was sie verbieten, nämlich was einfach gut ist und wichtig auf dieser Welt.

GRUND 17: ELTERN LASSEN UNS NICHT IM WOHNZIMMER SPIELEN

Das ist insofern eine große Gemeinheit, als das Wohnzimmer für gewöhnlich der größte Raum in einer Wohnung ist und die Eltern dazu noch das Schlafzimmer haben, sie aber beides rein platzmäßig überhaupt nicht auslasten können. Meist sitzen sie im Sessel oder auf der Couch, lesen ein Buch oder sehen fern. Das Bügeln wird von vornherein in der Küche erledigt und große Bastelarbeiten finden, wenn überhaupt, so selten statt, daß sie kaum ins Gewicht fallen. Wir dagegen müssen uns mit den zwei Quadratmetern Fläche zwischen Bett, Tisch, Stuhl und Tür begnügen, dabei reicht der im Leben nicht aus, um auch nur ernsthaft daran zu denken, etwas Sinnvolles zu spielen. Für ein Indianerdorf reicht der Platz vielleicht gerade noch, für einen winzigen Bauernhof mit einer Kuh, einem Schwein und zwei Hunden vielleicht auch, doch der Traktor hat dann schon Mühe, und der eine Hund fällt immer und immer wieder einem Verkehrsunfall zum Opfer. Sind die Legosteine erst einmal im Zimmer verteilt, kann man weder vor noch zurück, und Stau auf der A4 zu spielen, muß leider ganz ausfallen. Dabei ließe sich gerade letzteres im Wohnzimmer so gut machen! Tisch und Stühle wären die Brücken, Muttis Pflanzen das Waldgebiet, die Schrankwand der Tunnel.

Auch Indianerspiele wären im Wohnzimmer durchaus gut möglich. Der Eßtisch wird zum Tipi, die Stühle, Sessel und die Couch zum Gebirge, der Läufer zum reißenden Fluß, der Balkon zum Abgrund. Man hat Platz, um durch die Prärie zu reiten, und auch ein großes Geheul hallt ein wenig nach.

Aber wie schon vermutet, erweisen sich die Eltern in diesem Fall wieder als unnachgiebig und sehen ein Spiel im Wohnzimmer äußerst ungern. Dabei würden wir sie, wären sie in unserem Zimmer, gar nicht stören! Nein, ehrlich! Wir würden sie ganz in Ruhe lassen!

GRUND 18: ELTERN BENUTZEN UNS ALS ALIBI

Es gibt Dinge, die Eltern gerne tun würden, von denen sie aber denken, sie wären dazu schon zu alt und würden deshalb schief angesehen oder gar für verrückt erklärt werden. Dabei handelt es sich vor allem um Sachen wie den Mobilbaukasten, Drachensteigen, Indianer spielen. Denn wie würde es klingen, wenn Vati am Montag im Betrieb erzählt: «Ich habe mit dem Mobilbaukasten einen tollen Hubschrauber gebaut, bei dem man am rechten Rad drehen konnte, so daß sich der Propeller bewegte.» Seine Kollegen würden wohl gute Miene zu bösem Spiel machen und ihn insgeheim beobachten, um nicht den Augenblick zu verpassen, in dem ein Rettungswagen vonnöten wäre. Doch wie kann er glänzen, wenn er erzählt, daß er den ganzen Sonntag mit seiner Tochter und seinem Sohn gespielt hat. Unerwähnt wird natürlich bleiben, daß nach dem Bau seines Hubschraubers nur noch so wenig Teile da waren, daß man mit Ach und Krach noch einen Stuhl und einen Tisch mit drei Beinen bauen konnte.

Auch beim Drachensteigen tut man gut daran, für jede am Spektakel beteiligte Person einen Drachen mitzunehmen, denn es könnte sein, daß man sich die Beine in den Bauch steht, während die Eltern ihren Spaß haben.

Geradezu erstaunlich ist es allerdings, wenn es uns gelungen ist, sie zu überreden, mit uns Indianer, Räuber und Gendarm oder ähnliches zu spielen. Sie wachsen förmlich über sich hinaus, haben Phantasie und Esprit, so daß wir uns erstaunt fragen müssen: Und wer sind die, die stets über zuviel Arbeit, Bandscheibenvorfälle und Meniskusschäden klagen und deshalb immer so langweilig vor dem Fernseher sitzen?

GRUND 19: ELTERN MISSTRAUEN UNS

Kaum sind wir so halbwegs in der Lage, uns mit uns selbst zu beschäftigen, können vielleicht sogar schon laufen, beginnen die Eltern, uns zu mißtrauen. Haben wir endlich, nach etlichen Ermahnungen, einmal ein stilles Spiel gefunden, wie z.B. Bücherzerpflücken oder Blumentöpfe umgraben, kommen sie schon gerannt, um nach uns zu sehen und danach, ob wir auch «keinen Blödsinn» machen. Sind wir etwas älter und haben freiwillig unsere Hygiene übernommen, fragen sie ständig: «Hast du auch die Füße gewaschen?» oder «Sind die Zähne geputzt?» Wenn es bei den Fragen bleiben würde, könnte man das ja möglicherweise noch akzeptieren, aber nein, sie rennen ins Bad, um die Zahnbürste anzufassen oder wollen an unseren Füßen riechen.

Gehen wir in die Schule, müssen wir unsere Hefter und das Hausaufgabenheft vorzeigen, damit sie ja keine schlechte Note verpassen. Dabei haben sie uns noch nie ihr Zeugnis gezeigt – wir sollen es ihnen glauben, daß sie immer gut in der Schule waren!

Kommen wir ins Ausgeh-Alter, müssen wir stets peinlich genau alle Fragen beantworten nach dem «Wohin?», «Mit wem?», «Kennen wir die?», «Kommt der und der auch mit?», «Wann seid ihr zurück?», «Ist das auch nicht gefährlich?» Es wird der Tag kommen, an dem wir vor jedem Wochenende einen Fragebogen ausfüllen müssen, um überhaupt aus dem Haus gelassen zu werden! Hat man nun aber alle Fragen nach bestem Wissen und Gewissen beantwortet, hängt zumindest ein Elternteil am Fenster, um nachzuschauen, ob unsere Angaben auch stimmen. Wie uncool!

Auch legen Eltern Haare auf herausgezogene Fernsehstecker oder schließen gleich das ganze Wohnzimmer ab, damit wir ihr Verbot nicht übertreten, verstecken Chipstüten und Schokolade und zeigen sich überhaupt äußerst raffiniert, wenn es um

Kontrolle geht. Wir dagegen erlauben ihnen uneingeschränkt Zutritt zu unseren Zimmern, schließen nicht einmal das Tagebuch ab, erzählen freimütig, mit wem und wo wir unsere Freizeit verbringen – bis zu dem Tag, an dem sie nicht einmal mehr die Wahrheit glauben wollen und wir uns in eisiges Schweigen hüllen müssen.

Wie glücklich können sich da diejenigen von uns schätzen, deren Eltern Freitagabend nur sagen: «Ruf bitte morgen mittag an, damit ich weiß, daß du noch lebst.» Daß diese Kinder auch nicht mehr anstellen als die ständig kontrollierten, weiß ich aus Erfahrung, auch, daß sie schneller selbständig werden, aber leider sind es immer und immer noch viel zu wenige!

GRUND 20: «DAS KIND BRAUCHT EIN HOBBY!»

Sobald wir unsere Nachmittage nicht mehr zu Hause, sondern unsere Umgebung erkundend auf der Straße verbringen, heißt es: «Das Kind braucht ein Hobby.» Der Familienrat im kleineren Kreis (also ohne Geschwister) wird einberufen und gemeinsam wird geknobelt, was uns denn Spaß machen könnte, wobei wir diesen Spaß allerdings unter Aufsicht haben sollen, was sich eigentlich schon ausschließt, denn was macht schon Spaß, wenn immer ein Erwachsener sein kritisches Auge auf uns wirft?

Ganz schlechte Karten haben wir übrigens, wenn Vati ein verhinderter Fußballer ist, denn dann sind wir sicher Kandidat für den Fußballverein, obwohl wir keinen Sinn darin sehen, mit noch neun anderen hinter einem Ball hinterherzuhetzen, nur um ihn zwischen drei Latten zu schießen. Sind wir ein Mädchen und bewegen uns in den Augen unserer Eltern nicht sonderlich grazil, kann es sein, wir finden uns wieder in einem Ballettsaal mit riesigen Spiegeln und einer Dame, die fremdländisch spricht, so daß wir sie gar nicht verstehen. Es ist aber auch möglich, daß wir angestiftet werden, ein Instrument zu lernen oder ähnlich arbeitsintensiv unsere Freizeit zuzubringen. Auf alle Fälle ist es vorbei mit unserem süßen Leben, es sei denn, wir sind klug genug, Sportvereine, Arbeitsgemeinschaften und Musikschulen zu boykottieren, ausgenommen, wir wollen aus freien Stücken dorthin.

GRUND 21: DIE ELTERN UNSERER ELTERN ODER SIE SELBST KAUFEN UNS EINE ELEKTRISCHE EISENBAHN

Meist ist es der Opa, der eines Tages, oftmals nach unserem in der letzten Woche stattgefundenen Geburtstag oder dem eben erst vergangenen Weihnachtsfest, mit uns eine Straßenbahnfahrt in die Stadt macht, an einem kleinen Laden aussteigt und mit uns in ein Geschäft mit vielen Vitrinen und schmalen Regalen geht – den Modellbauladen. (Manchmal ist es auch der Vater, der solch eine Unternehmung initiiert, was im Endeffekt das gleiche ist, nur daß es mit einer Autofahrt beginnt.) Dort darf man wieder nur gucken und nichts anfassen, wobei schon ersteres recht schwer fällt, weil alles fürchterlich hoch ist und letzteres aus diesem Grunde fast unmöglich. Im Idealfall wird man jetzt am Geschehen beteiligt, indem man gefragt wird, ob man eine Dampflok lieber habe als eine elektrische und ob man den ICE besser finde als den Transrapid. Nun, eigentlich ist auch hier die Antwort egal – der Opa (oder Vater) läßt sich gründlich beraten, man selbst wird bestenfalls noch in die Wahl der Waggons näher einbezogen, und nach über einer Stunde wird der Laden verlassen mit mehreren Päckchen, die der Erwachsene sicherheitshalber selber trägt und etlichen Metern Schienen, die man selbst tragen darf.

Zu Hause angekommen, wird das Mittagessen oder wahlweise auch das Abendbrot großzügig verschoben, genauso wie die Couchgarnitur und die Eßecke, um wenigstens einen

Schienenkreis zu legen. Bei dieser Gelegenheit stellt man fest, daß Opas Rheuma (oder Vaters Meniskusschaden, der ihn letzten Sonntag noch am Fußballspielen gehindert hatte) fast vollständig verschwunden ist, denn geduldig und ohne Stöhnen kriecht er über den Teppich und verankert Schiene um Schiene. Inzwischen haben wir den Trafo aus der Schachtel genommen, den er uns sogleich abnimmt, um ihn anzuschließen. Selbstverständlich setzt er auch Lok und Wagen auf die Gleise, wobei noch nicht sicher ist, daß wir auch die aus ihren Schachteln nehmen durften. Zur Probefahrt müssen wir einen Schritt zurücktreten und nach einem dünnen Pfiff unsererseits dreht der Senior am Schalter und zeigt sich völlig verzückt, wenn die ganze Sache ins Rollen gerät.

Möglicherweise haben wir Glück und er hat recht schnell eine Vorstellung von der künftigen Streckenführung, die er natürlich gleich aufskizzieren muß, oder ihm fällt schlagartig ein, daß er im Keller noch einen große Sperrholzplatte hat, die er mal eben raufholen will, so daß es uns tatsächlich noch an diesem Tag gelingt, wenigstens einmal am Schalter zu drehen und der Lokführer zu sein.

Nun, dieses Amt innezuhaben, wird uns in Zukunft nicht allzu oft glücken, aber immerhin haben wir dann in den kommenden Jahren immer wieder Geschenkideen, und sei es ein Stück Kunstrasen für die Platte.

GRUND 22: WESSEN KIND BIN ICH?

Diese Frage ist eigentlich geklärt bis zu dem Tag, an dem durch unseren Fußball eine Fensterscheibe zu Bruch geht oder ein anderer haftpflichtversicherungspflichtiger Schaden eintritt. Dann nämlich hören wir plötzlich durch die Wohnzimmertür, die noch immer nicht gepolstert ist: «Ja, dein Sohn ...» oder «Ja, deine Tochter ...» Wenn wir uns aber irgendwo einmal lobend hervorgetan haben, heißt es plötzlich «Ja, meine Tochter ...» oder «Ja, mein Sohn ...» Sie brauchen sich nicht zu wundern, wenn wir in solchen Situationen höchst verunsichert sind, dachten wir doch bis zu diesem Augenblick, daß es noch immer eine Eizelle (von der Mutti) und einen Samenfaden (vom Vati) braucht, damit überhaupt ein Kind entstehen kann. Oder wurden wir damals zur Adoption freigegeben, gehören wir vielleicht gar zu den Findelkindern, und sie sind gar nicht unsere richtigen Eltern? Das allerdings würde, bei näherer Überlegung, so manches erklären.

III. DIE KINDERGARTEN-GRÜNDE:

Erst lernen wir laufen und sprechen, dann sollen wir stillsitzen und den Mund halten. Mal sind wir noch zu klein, im nächsten Moment schon wieder zu groß – gerade so, wie es unseren Eltern paßt. Statt uns unterstützend zu Seite zu stehen, verwirren sie uns nur noch mehr. Vom Tage unserer Geburt bis zum Schulalter und mitunter sogar darüber hinaus, sind unsere Eltern vor allem eins: unlogisch!

GRUND 23: MITTAGSSCHLAF

In der täglichen Praxis unserer Kindheit gehört der Mittagsschlaf wohl zu den grausten aller Ereignisse. Die Eltern versuchen zwar, ihn zu versüßen mit den Worten «Wenn du mal groß bist, wirst du froh sein, wenn du dich mittags hinlegen kannst», da aber der Mittagsschlaf in unseren Kinderjahren eine Muß- und keine Kann- oder Darf-Sache ist, ist er unversüßbar.

Während Eltern nach Einnahme der mittäglichen Mahlzeit möglicherweise eine gewisse Schläfrigkeit bei sich feststellen, sind wir topfit, vor allem, weil es mitten am Tag ist und noch so viel zu tun. Außerdem sind unsere Tage durch viel zu zeitiges Zubettgeschicktwerden sowieso schon extrem verkürzt, und mittags gibt es weder ein Lied noch eine Geschichte vor dem Einschlafen, so daß dasselbe noch schwerer fällt, zumal es schon durch unsere innere, zu Recht bestehende, Protesthaltung empfindlich gestört sein wird.

Nun liegen wir also im Bett und erzählen uns notgedrungen selbst eine Geschichte, weil es ja doch kein anderer tut, und sind wir dann trotz so ungünstiger Ausgangslage eingeschlafen und träumen von Rittern und Drachen und Prinzen und Prinzessinnen oder vielleicht sogar von dem Tretauto, das wir uns so sehnlichst wünschen, werden wir auch schon wieder geweckt und dürfen aufstehen. Wenn wir nun sagen, daß wir viel lieber noch ein wenig liegenbleiben würden, sehen sich die Eltern nur wieder bestätigt und nehmen es als Beweis dafür, daß wir den Mittagsschlaf brauchen. Dabei haben wir ihnen lediglich einen Gefallen getan!

GRUND 24: ELTERN WASCHEN UNS DIE HAARE

Wer kennt sie nicht, die Prozedur des Haarewaschens? Mindestens einmal die Woche müssen wir sie über uns ergehen lassen, damit wir auch immer schön schmuck sind! Doch was für ein Aufwand! Manchmal werden die Haare gleich beim Baden mitgewaschen, dann wieder auf einem Stuhl vor der Wanne sitzend oder gar vor der Wanne kniend, wobei der Kopf in die Wanne hängt. In jedem Fall muß beim Waschvorgang ein Waschlappen auf die Augen gedrückt werden, damit kein Wasser oder gar Seifenschaum in sie hineinlaufen kann. Dann ist das Wasser oftmals zu heiß oder auch mal zu kalt, in jedem Falle aber immer zu naß. Und da die Mutti von jeher ein gründlicher Mensch ist, werden die Haare auch gleich zweimal shampooniert, was das Leiden nur unnötig verlängert, denn natürlich tränkt sich der Lappen inzwischen mit Wasser, und die Seife von den Augen fernzuhalten, gelingt nur in ca. fünfzig Prozent der Fälle.

Nun gibt es ja Kindershampoo, bei dem es angeblich nicht mehr brennt und nicht mehr ziept, und doch kann ich mir vorstellen, daß immer noch Kinder mit auf die Augen gedrückten Waschlappen in Wannen sitzen oder vor ihnen knien, und nicht wissen, wozu das Ganze, denn es sind unsere Haare und nicht ihre, und wir wollen nicht immer schmuck sein und vor allem wollen wir kein Erblinden durch nasse Waschlappen auf den Augen!

GRUND 25: ELTERN BREMSEN UNSERE KREATIVITÄT

Nichts sehen die Eltern lieber, als daß sich ihre Kinder als begabt oder talentiert herausstellen. Und doch: sie bremsen unsere Kreativität! Nicht nur, daß sie uns kein Schlagzeug kaufen werden, sie verstehen auch unseren Hang zu großen Formaten nicht, und von abstrakter Kunst haben sie in den meisten Fällen nicht den Schimmer einer Ahnung! Schon wenn die Sonne blau über dem gelben See steht und ein roter Elefant auf einem Wasserski über den grünen Himmel gleitet, zeigen sie sich überfordert. Wenn das Ganze dann auch noch einen gewissen Platz auf der Wohnzimmertapete in Anspruch nimmt, hängt der Haussegen für gewöhnlich schief. Doch ein Elefant ist nun mal ein sehr großes Tier, das auf einem lumpigen A4-Zeichenblatt einfach gar keinen Platz hätte. Außerdem: jeder große Künstler bemalt große Formate! Van Gogh tat das, Gaugin, Monet, Dalí, Miró, Kandinsky ... Sicher, sie taten das auf Leinwänden und nicht auf der Tapete, aber sie hatten auch welche!

GRUND 26: ELTERN MÖGEN REGENWETTER NICHT

Allgemein scheint Regenwetter bei Erwachsenen nicht sehr beliebt zu sein. Bei Eltern ist es das schon gar nicht! Dabei macht es solchen Spaß, die Tropfen mit dem Mund aufzufangen oder in Pfützen zu springen, daß es spritzt nach allen Seiten. Man kann Schiffe basteln und fahren lassen und Regen rauscht so schön! Sicher, hin und wieder, wenn der Boden sehr naß ist und der Fußweg nicht befestigt, rutscht man auch aus und Wasser läuft einem in den Gummistiefel. Aber das macht nichts, gibt es doch jetzt ein lustig glucksendes Geräusch bei jedem Schritt! Und wenn ein Auto an uns vorbeifährt und sich vorher Wasser im Rinnstein sammeln konnte, sind die

Fontänen großartig und es gibt nicht Aufregenderes, als mitten in einer zu stehen. Das ist fast, als stünde man unter einem Wasserfall! Doch wie in vielen Dingen, haben die Eltern mal wieder kein Verständnis und fluchen und schimpfen und zerren uns weiter, und zu Hause bekommen wir den Kopf abgerubbelt, daß uns fast die Haare wegfliegen und müssen womöglich Sanddornsaft trinken, weil der so gesund sein soll. Dabei hassen wir Sanddornsaft und trockene Haare und trockene Füße sowieso!

GRUND 27: ELTERN ESSEN ZU OSTERN HASENBRATEN

Erst mühen sie sich, uns weiszumachen, daß es den Osterhasen gibt, und der auch noch Eier legt, und dann kommt der Hase als Braten auf den Tisch, bevor das große Suchen überhaupt begonnen hat! Dabei lernt man schon im Kindergarten, daß das Huhn die Eier legt, daß auch Enten und Gänse welche legen, ja sogar Schildkröten und Krokodile, aber Hasen oder Kaninchen werden in diesem Zusammenhang nie erwähnt! Das sind nämlich Säugetiere, die, wie andere Säugetiere auch, ihre Jungen lebend gebären. Aber mal ganz davon abgesehen: selbst wenn sie an das Märchen glauben, das sie uns da erzählen, warum essen sie den Hasen dann? Sie kämen doch auch nie auf die Idee, den Weihnachtsmann zu essen, und den gibt es ja nun wirklich!

GRUND 28: «BEEIL DICH!»

Als ob wir nicht schon genug Streß hätten! Die Unterhose braucht mal wieder verflixt lange, um den Weg bis zu unserem Po zu finden, das Hemd ließ sich vor lauter Bosheit erst einmal links herum anziehen, die rechte Socke ging irgendwie flöten, kaum war die linke am Fuß. Der Pullover auf dem Stuhl ist nicht der, den wir heute anziehen wollen, die Hose hat plötzlich nur noch ein Bein, und zu träumen gäbe es auch noch etwas. Draußen macht der Regen lustige Blasen auf das Fensterbrett, die durchaus eine Betrachtung wert wären, wenn da nicht immer dieses genervte «So beeil dich doch ein bißchen!» wäre.

Warum aber müssen wir uns eigentlich beeilen? Die Bahn fährt auch ohne uns! Frühstück im Kindergarten ist erst um acht; jetzt ist es kurz nach sechs und somit noch viel Zeit. Doch wieder tönt es: «Beeil dich!» Im Gehen wird schnell ein Keks zwischen die Zähne geschoben, damit wir wenigstens etwas im Magen haben, obwohl Mutti immer sagt, man solle sich Zeit nehmen zum Essen, und das Gehen erfolgt mit solcher Geschwindigkeit, als trainierten wir für Olympia. Also ich wundere mich nicht, daß die Erwachsenen immer Streß haben. Würden sie sich nicht so beeilen, wären sie bestimmt viel ruhiger.

GRUND 29: «SCHLING NICHT SO!»

Während wir uns früh noch beeilen sollten, als hinge unser Leben davon ab, heißt es spätestens beim Abendbrot: «Schling nicht so!» Manchmal fügen sie noch hinzu: «Dir nimmt keiner was weg.» Sind sie blind oder wollen sie die gierigen Blicke meines Bruders nicht sehen, der doch nur darauf lauert, mir das restliche Würstchen vom Teller zu nehmen und das Sauerkraut dazu? Außerdem: wer schneller ißt, ist schneller fertig und kann noch ein Buch angucken vor dem Sandmann oder endlich mal eine Runde mit dem Feuerwehrauto fahren, das der Bruder den ganzen Tag lang mit Beschlag belegt hatte. Also schnell sein lohnt in diesem Fall und da sollen wir uns bremsen?

GRUND 30: «HAST DU EIN TASCHENTUCH?»

Nie würden die Eltern auch nur auf die Idee kommen, uns zu fragen, ob wir auch unser Polizeiauto eingepackt haben oder die Buntstifte oder unseren Lieblingsbären. Nein, sie fragen immer nur: «Hast du auch ein Taschentuch?» Dabei hat so ein Taschentuch für uns gar keinen rechten Nutzen! Mit einem Polizeiauto kann man rumfahren, eine Sirene singen, Verfolgungsjagden starten oder ähnlich aufregende Dinge tun. Mit Buntstiften kann man malen und ausmalen und seinen Namen schreiben oder Zahlen. Mit dem Lieblingsbären kann man kuscheln und ihn festhalten, man kann mit ihm Mutter-Kind spielen, ihm eine Geschichte erzählen oder ihm ein Lied vorsingen. Aber ein Taschentuch? Da schnaubt man einmal kräftig hinein und schon ist es naß und daher als Spielzeug unbrauchbar. Selbst wenn man es nicht benutzt, ist es eher langweilig. Das Bild auf ihm ist selten so einfallsreich, daß man zweimal hinsehen müßte, um es zu erfassen, um es uns um Hals oder Kopf zu binden ist es zu klein, und wenn man ein Schiff oder Flugzeug aus ihm falten will, geht das schon nicht gut und halten tut es auch nicht. Man könnte einen Fallschirm aus ihm basteln, aber das macht nur Sinn, wenn man ihn irgendwo von oben herunterfallenlassen könnte und die Gelegenheit bietet sich leider äußerst selten. Also ist es gar nicht sooo schlimm, das Taschentuch mal zu vergessen und sollte tatsächlich ausgerechnet dann die Nase laufen, können wir immer noch prima hochziehen.

GRUND 31: «SITZ STILL!»

Während sie ihren Stuhl lediglich ein wenig vom Tisch wegrücken müssen, um mit ihrem Körper zwischen ihn und die Tischplatte zu passen, bedeutet es für uns geradezu eine akrobatische Meisterleistung, überhaupt die Sitzfläche zu erklimmen. Natürlich nehmen sie davon nur wenig Notiz, denn kaum hat unser Po einigermaßen die richtige Stelle auf dem Stuhl gefunden, heißt es auch schon: «Sitz still!» Dabei ist das Stillsitzen mehr als schwierig für uns, denn die Beine tanzen von ganz allein in der Luft und der Oberkörper macht automatisch mit. Was wünschen wir uns mehr, als mit den Füßen endlich den Boden erreichen zu können, denn uns nervt dieses ständige Gezappel ja auch! Versuchen wir nun, es ein wenig zu kaschieren, indem wir ganz hektisch den Arm nach vorn schnellen lassen, um unseren Apfelsaftbecher zu fassen, kann es schon passieren, daß er umfällt, was nun wieder eine Sauerei ist und mit einem Aufstöhnen und einer neuerlichen Ermahnung endet. Oder aber wir wackeln zur Abwechslung mal mit dem Kopf, aber auch das ist nicht richtig und wird mit bösen Blicken quittiert. Wie wir es auch anstellen, unsere Lage kann sich nicht verbessern, solange es uns nicht gelingt, die Eltern davon zu überzeugen, Stuhl und Tisch abzusägen, denn nicht wir sind zu klein, sondern die Möbel zu groß!

GRUND 32: «DAFÜR BIST DU NOCH ZU KLEIN!»

Es ist Abend, der Sandmann ist soeben vorbei und es beginnt das Abendprogramm, das ja sowieso viel interessanter ist. Aber da hören wir schon die Mutti rufen: «Komm, husch, husch ins Bett» Es folgt nun die Frage «Kann ich nicht noch ein bißchen aufbleiben?», worauf sie mit einem gelassenen oder vielleicht auch gereizten «Nein» antwortet, je nach Tagesform. Spätestens wenn man dann bemerkt, daß man aber noch den Krimi sehen will und der Philipp aus dem Kindergarten hat auch schon mal den Kommissar Rex gesehen, heißt es: «Dafür bist du noch zu klein.» Wieso zu klein? Um in den Fernseher zu gucken bin ich schon groß genug. Immerhin habe ich den

Sandmann ja auch ganz deutlich gesehen. Und die Maus und den Elefanten am Sonntag erkenne ich auch. Also was hat Fernsehen mit Größe zu tun?

Oder ein anderes Beispiel: letzte Woche waren Tante Jutta und Onkel Heinz da. Vati holte eine Flasche mit einer blaß-gelben Flüssigkeit aus dem Schrank, die in Becher aus Waffel mit Schokolade geschüttet wurde. Als ich auch davon haben wollte, hieß es wieder: «Dafür bist du noch zu klein». Aber da haben sie sich getäuscht: ich habe zumindest einen Becher sti-bitzt, und daraus getrunken. Er ist nicht kaputtgegangen bis ich reingebissen habe, und dann habe ich ihn aufgegessen, und sie haben es nicht gemerkt. Von wegen zu klein!

GRUND 33: «DU BIST DOCH SCHON GROSS!»

Der Sandmann ist vorbei, Kommissar Rex muß ohne mich aus-kommen, weil ich ja angeblich zu klein bin (obwohl ich durch das Kellerfenster gepaßt hätte, vor dem die Polizisten ratlos gestanden haben!), und nun liege ich im Bett, Mama hat gerade das Märchenbuch zugeklappt, stibbert noch mal meine Nase, steht auf, macht das Licht aus, geht aus dem Zimmer und schließt die Tür. «Mama!» sie steckt noch mal den Kopf ins Zimmer: «Ja?» «Es ist so dunkel.» Also läßt sie die Tür einen Spalt auf. Aber was war das? War da nicht ein Gespenst? Und was raschelt da unter dem Bett? «MAMA!» «Ja?» (nun schon mit einen mißliebigen Unterton) «Ich hab Angst.» Und da kommt es: «Aber du brauchst doch keine Angst haben! Du bist doch schon groß!» Wie? Was? Für Kommissar Rex bin ich zu klein, obwohl der mich bestimmt beschützen könnte und hier in meinem Zimmer, wo all die Geister und Gespenster sind, die gar nicht daran denken, mich zu beschützen, da bin ich plötz-lich groß? Ist mir gar nicht aufgefallen, daß ich so schnell wach-se. Der Schlafanzug jedenfalls paßt noch. Und was hat

Großsein mit Angst zu tun? Der Riese hat auch Angst vorm tapferen Schneiderlein, obwohl er wirklich mächtig groß ist.

«MAAMAA!!!»

Natürlich ignoriert sie mich zunächst, aber nach einer halben Stunde, die ihre, aber auch, jawohl!, meine Nerven stark strapaziert hat, kommt sie doch noch mal rein. «Ich will in eurem Bett schlafen.» «Du bist doch schon groß.» Ich merke, wie sie sich zwingt, geduldig zu scheinen. «Große Kinder schlafen in ihren eigenen Betten. Also sei schön lieb und schlaf jetzt.» Sie deckt mich noch mal zu, streicht mir über den Kopf, aber wenigstens läßt sie das Licht an, als sie geht. Macht sie das nun, weil ich doch noch klein bin? Und warum darf ich dann nicht in ihr Bett?

Grund 34: «Hast du keine Ohren?»

Das ist eine beliebte Frage von Erziehungsberechtigten, die sie meist in einer Situation stellen, in der es leider nie so richtig paßt zu antworten mit der Gegenfrage: «Hast du keine Augen?» Denn schon allein die Frage ist doch dämlich! Immerhin sind sie es, die, wir sind kaum auf der Welt, erst einmal gründlich nachschauen, ob auch wirklich alles dran ist an uns. Schon da müßte es ihnen auffallen, wenn die Ohren vergessen worden wären. Später dann guckt uns der Arzt öfter rein, weil wir immer und immer wieder mal eine Mittelohrentzündung haben, und der würde sicher merken, wenn da nur Mittel, aber kein Ohr wäre. Außerdem ist die Frage auch deshalb völlig überflüssig, weil wir kein Wannenbad beenden können ohne die Frage unserer Eltern: «Hast du die Ohren auch gewaschen?» Müssen erst Radieschen in ihnen wachsen, als Beweis, daß wir welche haben? Sind solche Fragen eigentlich zulässig? Und müssen wir sie dann auch noch beantworten?

GRUND 35: «WO IST DEINE MÜTZE?»

Ja, wenn wir das wüßten, hätten wir sie wahrscheinlich auf! So aber ist sie fort und bleibt verschwunden, egal wie intensiv wir in Jackentaschen, Turnbeuteln und ähnlichem suchen. Im Gegensatz zu den Eltern haben wir aber viel weniger ein Problem damit, daß das blöde Ding weg ist, denn für gewöhnlich sind Mützen doof, zerknautschen die Frisur, haben vielleicht sogar eine geradezu lächerliche und völlig unnütze Bommel und überhaupt. Denn wenn Mützen wirklich so toll wären, wie sie immer sagen, dann würden sie selbst immer eine aufhaben, die sie uns bei großer Kälte leihen könnten.

GRUND 36: UNSERE KUSCHELS

Es gibt Dinge, die können Eltern einfach nicht verstehen, und eines davon ist die Liebe zu unseren Kuschels! Nicht nur, daß sie sich die Namen unserer Freunde nicht merken können, sie begreifen auch nicht, daß Pooh-Bär eben in unserem Bett schlafen muß und nicht zwischen Backofen und Herd, und daß unsere Kuschels auch mal ins Kino wollen, denn immer nur zu Hause rumzusitzen, macht schließlich keinen Spaß. Doch statt sich mit uns über die Schar kleiner und vor allem stiller Freunde zu freuen, heißt es immer wieder: «Räum deine Kuschels weg!» «Nein, die können nicht alle mit!» «Du kannst nicht alle mit ins Bett nehmen!» «Warum muß es denn ausgerechnet der Pooh sein? Du hast doch auch andere Kuschels!» «Wollen wir den nicht mal wegtun, der ist doch nun wirklich nicht mehr schön!»

Also, der Björn aus meiner Klasse mit der riesigen Brille, der Zahnspange und den klobigen Schuhen ist auch nicht schön, und doch mögen sie es, wenn ich mit ihm zusammen was unternehme, weil Björn eine eins in Mathe hat. Und so wie

Björn hat jeder Kuschel etwas Einzigartiges, nur das wollen sie wieder mal nicht sehen.

Vor allem aber sind unsere Kuschels verschwiegen und treu – denen können wir vom verbotenen Kaugummi unter dem Kopfkissen erzählen – die verpetzen uns nicht. Sie hören zu, wenn wir unseren Ärger mit den Eltern klagen und spenden Trost, statt, wie manche Geschwister, unsere Notlage ausnutzend loszurennen, um für sich gut Wetter zu machen. Sie haben immer Zeit, nehmen es nicht übel, wenn man sie mal anschreit oder vor Wut in die Ecke wirft, sie schimpfen nicht, wenn wir uns versehentlich auf sie draufwerfen und bleiben die ganze Nacht da, um uns zu beschützen. Und deshalb, liebe Eltern, werden wir und unsere Kuschels auf ewig untrennbar sein, denn sie sind die wahren Freunde!

GRUND 37: ELTERN KÖNNEN SICH NICHTS MERKEN

Es mag ja sein, daß die Merkfähigkeit mit zunehmendem Alter abnimmt, aber daß das so rasend schnell geht, ist ja direkt unheimlich. Es beginnt mit unserem Geburtstag. Schon Wochen vorher müssen wir immer wieder betonen, daß wir bald Geburtstag haben. Mama kann ihn sich besser merken als Papa, weil sie ja am ursprünglichen Ereignis unmittelbar beteiligt war, aber auch da ist sicher sicherer. Papa kann sich vielleicht noch merken, daß wir Geburtstag haben, aber wenn er unverhofft gefragt wird, wie alt wir eigentlich werden, hat er plötzlich einen Sprachfehler, den wir vorher noch nie wahrgenommen haben.

Also, der große Tag ist nun da, Geschenke auch, das erste Papier wird vom Päckchen entfernt, und ... Knete! Wer in diesem Haushalt hat sich denn Knete gewünscht? Wo ist das Power-Ranger-Hyper-Mobil versteckt? Und haben wir nicht jeden Abend vor dem Einschlafen ausdrücklich betont, daß die

Super-Hair-Barbie die mit den langen Haaren ist, und die Mermaid-Barbie die mit den Flossen, und wir uns aber die Rollerblade-Barbie wünschen, die Funken machen kann? Was befreien wir da nun aus dem Papier? Keine von denen, sondern die Dschungel-Barbie, die doch «auch sehr hübsch ist», wie Papa seine Gedächtnislücke zu überspielen versucht.

Überhaupt scheinen Männer diese Art Beschwerden häufiger zu treffen. Ich kann das jedes Jahr beobachten: Im Februar an einem ganz bestimmten Tag macht sich Mama ganz fein und scheint auf irgend etwas zu warten. Daß es nicht ihr Geburtstag ist, habe ich im letzten Jahr gemerkt, als ich ihr gratulierte, weil ich dachte, ich hätte ihn ausnahmsweise übersehen. Aber nein, sie wartet auf Papa, der natürlich keine Blumen dabei hat, und den sie dann jedes Jahr erneut darüber aufklärt, daß irgend so ein besonderer Tag ist, an dem der Mann Blumen mitbringt, und das hätte mit einem Mönch zu tun. Und ich dachte, Mönche leben ohne Frauen! Wem bringen sie da Blumen mit?

Aber am schlimmsten ist es mit ihrem Hochzeitstag. Neulich kam der Papa zu mir und fragte mich, ob ich nicht mal in ihrem Kalender nachschauen könnte, ob dort vielleicht ein Herz oder so etwas reingemalt ist. Scheinbar hatte er vergessen, daß er es gewesen war, der mir erst letzte Woche für drei Abende den Sandmann verboten hatte, weil ich in seinen Kalender ein Herz reingemalt hatte. (Lag vielleicht auch daran, daß ich das Herz über die Telefonnummer seines neuen Chefs gezeichnet hatte, den er unbedingt zurückrufen sollte, und die er nun nicht mehr lesen konnte.) Also noch mal drei Abende ohne Sandmann, weil er sich was nicht merken kann? Nicht mit mir! Da nehme ich lieber in Kauf, daß sie, wie jedes Jahr, eine Woche lang nicht miteinander reden.

IV. DIE TEENIE-GRÜNDE:

Mark Twain muß es gewußt haben, als er sagte: «Erziehung ist die organisierte Verteidigung der Erwachsenen gegen die Jugend» – das Zusammenleben von Eltern und deren Kindern wird spätestens dann nahezu unmöglich, wenn die Kinder in der Lage sind, eigene Gedanken zu haben und diese auch auszusprechen. Nicht selten wird das als Nörgelei abgetan und damit nicht ernst genommen. Noch schlimmer ist es, wenn die Kinder beginnen, ihrer eigenen Wege zu gehen und nicht jedesmal haarklein ausführen, wohin diese sie führen, denn sich unbedingt jedem minutiös und in allen Einzelheiten mitteilen zu müssen, ist nun mal nicht jedermanns Sache und die eines Teenagers hinsichtlich seiner Eltern erst recht nicht, zumal er weiß, daß er sowieso eines Tages auf eigenen Beinen stehen muß und es heißt nicht umsonst: «Früh übt sich ...»

Deshalb sind alle Abnabelungsversuche von Kindern absolut notwendig und nach Kräften zu unterstützen, wenn nicht gar zu fördern!

GRUND 38: ELTERN STECKEN UNS IN DIE BLÖDESTEN KLAMOTTEN

Wir sind gerade mal gezeugt worden, da beginnen die Eltern schon, sich Gedanken über unsere Garderobe zu machen. Meist ist sie insofern mit Wünschen verbunden, daß sie vorzugsweise aus blauen oder rosa Teilen besteht, sobald im Ultraschallbild ein kleiner Unterschied ausgemacht werden konnte bzw. sie wissen, ob sie lieber einen Sohn oder eine Tochter wollen. Uns ist das zunächst ziemlich egal, denn sind wir auf die Welt gekommen, schreien eh alle, wie süß wir seien, denn niemand würde sich trauen zu sagen, daß wir total bescheuert aussehen so eingestrickt und eingehäkelt und mit all den Rüschen. Aber wir wachsen und wir werden älter. Wir besuchen den Kindergarten, dann die Schule und spätestens da sollte man up to date gekleidet sein, um einen Freund zu finden. Denn was zählt Charakter, wenn bauchfrei in ist? Da mag es ein, daß Oma sich mit den Strickhosen alle Mühe gibt, aber out ist out. Und es mag auch sein, daß die modischen Winterstiefel nicht warm sind und noch dazu kein Profil in der Sohle haben, so daß wir alle naselang auf derselben liegen, aber das heißt noch lange nicht, daß wir uns in Stiefel stopfen lassen, in denen wir aussehen wie Neil Armstrong bei seiner Landung auf dem Mond!

Mal ganz davon abgesehen: Sie sind es doch, die sich in Leggins und Miederhosen zwängen oder Jeans tragen, für die sie schon mindestens zehn Jahre zu alt sind! Unsereiner dagegen kommt mal leicht erhitzt vom Streetball und gleich fragen sie: wie siehst du denn aus?

Natürlich gibt es Klamotten, mit denen wir uns selbst völlig entstellen, doch es gibt Erfahrungen, die sie uns nicht vorenthalten dürfen!

GRUND 39: ELTERN SCHNEIDEN UNS DIE HAARE

Die wenigsten werden wohl das Glück haben, daß ihre Mutter oder ihr Vater Friseur ist. Dennoch gelingt es den Eltern hin und wieder, uns davon zu überzeugen, daß unsere Haare geschnitten werden müssen und das ausgerechnet von ihnen. Wir ahnen ja zunächst nichts Böses, setzen uns brav auf den Hocker im Bad, lassen uns ein Handtuch um die Schultern legen und erklären dann Mutter oder Vater, wie in etwa die neue Frisur aussehen soll, sofern wir eine Vorstellung davon haben. Und dann sollten wir beten! Denn nicht selten sind die Haare entweder noch zu lang, was ja zu beheben wäre, oder zu kurz, was für gewöhnlich nicht mehr zu beheben ist, oder die Frisur sieht völlig anders aus, als wir sie uns vorgestellt haben, oder wir haben einen klassischen Topfschnitt verpaßt bekommen, der leider zur Zeit total unmodern ist. Wenn die neue Frisur dann auch noch unsere Ohren betont, wissen wir, daß wir in den nächsten Wochen viel Zeit für häusliche Aktivitäten haben werden, denn uns so auf die Straße trauen? Niemals!

Grund 40: Eltern schicken uns zum Friseur

Das ist insofern eine echte Alternative, wenn es den Eltern mal wieder gelungen ist, uns einzureden, wir würden geradezu fürchterlich aussehen, da uns der Friseur mit seiner Schere weit weniger ins Ohr zwickt, als das für gewöhnlich bei der Heimbehandlung geschieht, und doch hat die Sache einen gewaltigen Haken, der darin besteht, «seinen» Friseur zu finden, ein Problem, das gerade Müttern eigentlich bekannt vorkommen müßte, sind sie es doch, die stets beleidigt sind, wenn man nicht merkt, daß sie bei ihrem «Coiffeur» waren, oder wenn wir sie teilnahmsvoll fragen, wer sie denn so verunstaltet hat, wenn es wirklich nicht zu übersehen ist. Ich wurde bis jetzt für viel Geld jedes Mal so entstellt, daß mir nichts anderes übrigblieb, als mit einer Mütze auf dem Kopf nach Hause zu rennen, um mir Stylingcreme, Haarspray und ähnliche Substanzen aus dem Haar zu waschen, und dem Ganzen eine Form zu geben, mit der ich wenigstens noch das Haus verlassen konnte, wenn auch nur zu den allernotwendigsten Erledigungen und mit einer Sonnenbrille im Gesicht.

Für eine «ordentliche» Frisur, z.B. rasante Farbe oder tolle Lockenpracht, wird das mitgegebene Geld nie reichen, denn natürlich sollen wir «gut» aussehen, allerdings im Sinne von «nett/brav» und nicht im Sinne von «total super/echt scharf», denn die Eltern könnten ja in Erklärungsnotstand kommen, wie ausgerechnet sie uns so rumlaufen lassen können. Dabei wäre dies doch eine gute Gelegenheit, all die Spießer mal zu schocken mit zur Schau getragener Gelassenheit und Souveränität in Erziehungsfragen, ohne daß sie viel dazutun müßten.

GRUND 41: ELTERN KOMMEN GRUNDSÄTZLICH ZU FRÜH AUS DER OPER*

Voraussetzung dafür ist, daß sie überhaupt ausgehen. Nun soll es Eltern geben, die das häufiger tun, aber ich fürchte fast, die Mehrzahl tut es nicht. Egal, denn heute passiert es, hurra! Mutti ist in eine Wolke zartesten Parfüms gehüllt, hat das Gesicht ein wenig verfeinert und selbst Vati hat seinen Anzug herausgeholt nebst Krawatte, die er sich fast freiwillig umbindet. Die Verabschiedung verläuft bald so, als wollten sie auswandern und nicht nur mal eben in die Stadt fahren, und ist begleitet von den verschiedensten Ermahnungen und Hinweisen. Man solle nicht vergessen, die Zähne zu putzen und die Füße zu waschen. Der Gasherd bleibt aus – es ist noch rote Grütze im Kühlschrank. Abgeschnittenes Brot ist im Fach und auch sonst. Um acht solle man ins Bett gehen und um neun das Licht löschen. Wenn was ist – Omi Siebert im Haus weiß Bescheid und man bleibe ja auch nur ein paar Stunden fort. Der Fernseher bleibt bitte aus und die Antenne ist sowieso schon rausgezogen für den Fall eines Gewitters.

Inzwischen hat das Taxi vor dem Haus bereits das zweite Mal gehupt, nachdem der Fahrer auch schon mal geklingelt hatte, und der Himmel ist noch immer ohne Wolke, was auf einen Abend ohne Gewitter schließen läßt. Die letzte Umarmung ist besonders herzlich, der Abschiedskuß besonders feucht und dann endlich, endlich sind die Eltern zur Tür hinaus.

Jetzt schon den Fernseher startklar zu machen, wäre natürlich fatal, denn es soll schon vorgekommen sein, daß Vati die Karten liegenließ oder Mutti doch noch einen Schirm holte, denn auf den Wetterbericht kann man sich nicht verlassen.

Nun, als erstes trödelt man ein wenig in der Wohnung herum, befeuchtet die Zahnbürste, damit es aussieht als ob, guckt in den Kühlschrank, ob noch andere Leckereien als oben benannte Grütze vorrätig sind, schaut nach, ob irgendwo noch eine vergessene Chipstüte lauert und wenn man sicher sein kann, daß die Eltern nicht noch mal zurückkommen, weil die Vorstellung soeben regulär begonnen hat, wird es auch Zeit, das Antennenkabel in die Dose zu basteln, um wenigstens die erste Leiche noch zu sehen, wo doch schon der Vorspann vorbei ist.

Nach dem Film wird's aber erst richtig interessant, denn dann kommt «Liebe Sünde», «Peep» oder ähnliches, was Mama und Papa immer ganz schnell wegschalten, wenn man zu vorgerückter Stunde noch einmal das Wohnzimmer aufsucht. Ein Ohr ist dabei freilich immer schon Richtung Tür gerichtet, aber man kann doch direkt sicher sein, daß die Haustür gerade an der spannendsten Stelle ins Schloß knallt. Aufspringen, abschalten, Fernbedienung an den angestammten Platz, Antennenkabel rausreiß, Chipstüte zusammenknüll, Grützeschale – schnapp – und in die Küche, Licht aus in Bad und Küche, ins Bett und sich schlafend stellen – alles eins. Warum bloß kann die Oper nicht einmal eine Zugaben-Zugabe geben? Warum können die Eltern nicht einmal die Chance nutzen, und noch gemütlich einen trinken gehen nach der Aufführung, so wie man das aus Filmen kennt? Warum können wir nicht einmal einen elternfreien Fernsehabend verbringen?

*wahlweise auch aus Theater, Kabarett, Kino,...

GRUND 42: ELTERN LASSEN UNS KLAVIERSPIELEN

Eine Ausbildung an einem Instrument kann durchaus sinnvoll sein, zumal in heutigen Zeiten des Lehrstellenmangels. Wie viele sind schon entdeckt worden beim Spielen in Hinterhofkneipen, Nachtbars und ähnlichen Orten! Allerdings haben Eltern dieses bestimmt nicht im Sinn, wenn sie uns in der Musikschule anmelden.

Zunächst einmal geht es um die Wahl des Instrumentes. Klavier oder Geige machen natürlich sehr was her. Allerdings ist ersteres wenig transportabel und zweiteres schwer zu lernen, so daß es mehr Zeit in Anspruch nehmen wird, erste respektable Vorträge in einer größeren Gesellschaft zu Gehör zu bringen. Denn das ist der eigentliche Zweck der musischen Ausbildung. Kein Fest ohne Showeinlage, keine Familienfeier ohne Beitrag. Wie stolz muß es machen, wenn einem andere bestätigen, wie talentiert das Kind doch sei. Daß die Eltern bei der ganzen Sache selten mehr tun als uns zur Musikschule und zu den Proben zu fahren, und darauf zu achten, daß wir auch die vollen vier Stunden nach den Schularbeiten üben, wird völlig außer acht gelassen. Und so mühen wir uns und haben die Geige auch schon mal im Bus vergessen, alles umsonst. Und wir üben und lassen uns in festliche Klamotten stecken, um zu zeigen, wie begabt wir sind, und was für großartige Eltern wir haben, die uns so aufopferungsvoll fördern.

GRUND 43: ELTERN KAUFEN UNS KEIN SCHLAGZEUG

Während man in jungen Jahren wirklich noch keine Wert darauf legt, musikalisch tätig zu sein, kann sich das mit der ersten Platte (oder inzwischen CD) von den Ärzten oder den Sex Pistols gründlich ändern. Bei den Eltern eine Gitarre durchzusetzen gelingt wohl noch eher als einen Baß, aber beim Schlagzeug hört das Verständnis meistens auf. Daß das Schlagzeugspiel höchste Anforderungen an die Gesamtkörperkoordination stellt und dadurch durchaus mit dem Klavierspiel vergleichbar ist, ist leider kein ausreichendes Argument.

Die erste Frage gilt dem Wohin. Im Wohnzimmer? Unmöglich! Ein Klavier im Vergleich ist ähnlich wie ein Regal – flach an die Wand geschoben und so repräsentativ! Im Kinderzimmer? Da ist ja schon kaum Platz für Schrank, Bett, Schreibtisch, Stuhl, Computer und Spielekonsole. In den Keller? Das käme auf den Keller an, aber die Nachbarn würden in jedem Fall gestört und extra für ein Schlagzeug ein Haus zu bauen, sei ja doch ein wenig viel verlangt.

Wir zeigen uns kompromißbereit und bestehen statt auf dem Schlagzeug auf einer Trompete, die wenigstens das Platzproblem nicht aufwirft, dennoch aber diktatorisch abgelehnt wird. Und so wird es bei jedem von uns vorgeschlagenen Instrument sein, das nur halbwegs laut und gerade deshalb für uns interessant ist, es sei denn, unsere Musiklehrerin ist auf unserer Seite und kann die Eltern davon zu überzeugen, daß vor uns eine glänzende musikalische Karriere liegt.

GRUND 44: ELTERN SIND MIT UNSEREN HAUSAUFGABEN ÜBERFORDERT

Natürlich wollen unsere Eltern nur das Beste für uns und dazu gehören auch gute Schulnoten. Allerdings, wenn wir mal eine Fachfrage stellen, sind sie meistens überfordert. Nicht in so Fächern wie Deutsch oder Mathe, die Biologie klappt im Grunde auch noch gut, aber spätestens bei Physik oder Chemie, oder wenn da nicht, dann in Französisch und Latein sind sie mit demselben am Ende. «Was hast du denn dazu in der Schule aufgeschrieben?» beginnt das Drama. Wir bringen sicherheitshalber auch gleich noch Buch, Tafelwerk und Taschenrechner sowie das entsprechende Wörterbuch mit und haben dann in der Regel für die nächsten zwei Stunden unsere Ruhe. Am Wohnzimmertisch wird derweil gerechnet, geschrieben, skizziert, nachgeschlagen und wieder geschrieben. Hin und wieder reicht man freundlicherweise ein frisches Blatt nach, und nach

diesen 120 Minuten Vorbereitungszeit wagt der Erziehungsberechtigte erste Lösungsansätze. Sie beginnen für gewöhnlich
vielversprechend, kommen aber oft nur bis zum eigentlichen
Problem, nämlich dem, aus dem die Frage erwuchs. Es wird um
eine weitere halbe Stunde Bedenkzeit gebeten und danach ein
neuer Ansatz gewagt, der ebenfalls gut klingt, aber auch noch
nicht unbedingt stimmen muß. Nach nochmals dreißig
Minuten stimmt zwar das Ergebnis, aber die Kommunikation
ist inzwischen so gestört, daß die Erklärung unverständlich
bleibt. Zum Schluß ist der Erziehungsberechtigte völlig geschafft, man selbst nur um Erfahrung, nicht aber um Wissen
reicher, und man wird ins Bett geschickt mit dem Hinweis,
morgen in der Schule doch noch mal genau nachzufragen und
in Zukunft einfach besser aufzupassen im Unterricht und nicht
vor sich hinzuträumen.

GRUND 45: ELTERN SIND NICHT IMMER GEDULDIG

Natürlich gibt es auch Gebiete, auf denen unsere Eltern spitze
sind. Bei uns in der Familie war es die Mathematik, die mein
Vater besonders gut beherrschte. Wie oft fand ich mich im
Schein der Lampe mit ihm am Wohnzimmertisch und er gab
sich alle Mühe, mir die Terme und Gleichungen zu erklären.
Mir war das alles immer viel zu theoretisch. Erst als er es in
Äpfeln und Birnen erklärte, wurde mir einiges klarer. Wochen
später!

Viel schlimmer war jedoch die Integralrechnung. Da hat das
Apfel-Birnen-Modell einfach nicht mehr ausgereicht. Ich am
Tisch, am Lineal nagend, mein Vater mit über das Papier
gebeugt, Schweißperlen auf der Stirn und im fünften, leider
wieder vergeblichen Versuch des Abends, mir diese verflixte
Aufgabe zu erklären. Inzwischen wurde die Nervosität spürbar.
Der sechste Versuch – ich nagte lauter. Der siebente Versuch –

das Lineal brach ab und mein Vater aus: «Kannst du mal das Lineal lassen und dich auf die Aufgabe konzentrieren?» Natürlich konzentrierte ich mich auf die Aufgabe. Ich beschwor sie mittlerweile regelrecht, daß sie sich mir doch endlich offenbaren möge. Sie war mir zu hoch und blieb es. Ich machte einen Versuch in die philosophische Richtung mit den Worten: «Das brauche ich doch nie ...» Als hätte er nur auf dieses Stichwort gelauert, begann mein Vater seinen in dieser Situation nicht ganz unerwarteten Vortrag über den Sinn dieser Aufgabe im allgemeinen und im besonderen, und wenn ich mal Ingenieur werden wolle, bräuchte ich eben auch die Integralrechnung, und auf meine Erwiderung, daß ich nicht vorhabe, Ingenieur zu werden, brachte er weitere Beispiele aus Wirtschaft und Gesellschaft, in denen derlei Aufgaben wichtig und nötig seien. Auch regte ihn meine Aussage an sich schon sehr auf, zeigte sie doch meine offensichtliche Ignoranz gegenüber seinen Erklärungsbemühungen, die seine Nerven inzwischen blank daliegen ließen. So endete dieser Abend mit einer ungelösten Aufgabe, einem aufs Äußerste gereizten Vater und einer absolut frustrierten und den Tränen nahen Tochter, die am Tag danach bei der Schülerhilfe angemeldet wurde, bei der Personen für ihre Geduld wenigstens bezahlt werden.

Grund 46: Sonntagsausflüge

Sonntagsausflüge sind wirklich eine klasse Sache – wenn man klein ist! Da kann man endlich mal rennen und toben, auch mal rumkrakelen, auf Klettergerüsten rumturnen – sofern vorhanden, irgendwelche Sachen sammeln, Käfer beobachten und ähnliches. Wenn man allerdings das dreizehnte Lebensjahr überschritten hat, sind Sonntagsausflüge so ziemlich das Ödeste, was passieren kann. Das beginnt damit, daß sie immer dann stattfinden, wenn unsere Lieblingsserie im Fernsehen läuft, und wenn man die nicht gesehen hat, kann man am Montag in der Schule mal wieder nicht mitreden, denn wen interessiert schon, daß man auf irgend so einer Burg oder an einem Staudamm war?

Weiter geht es bei den Klamotten. Da hat man eine total coole Jeans, die auch ein wenig zerrissen ist und gerade deshalb so fetzig, doch diese zu tragen, verbietet Mutti. Also zwängt man sich in den biederen Hosenanzug, den man noch nie leiden konnte, der aber beim letzten Oma-Geburtstag die anwesenden Erwachsenen so entzückt hat, und fühlt sich irgendwie elend. Außerdem hat man überhaupt keine Lust, hinter "den Alten" hinterherzuzeppeln, zumal der Kopf voller Tagträume ist, die gestört werden durch Aufforderungen wie «Nimm die Hände aus der Tasche!" (siehe Grund 62) oder "Heb die Füße!" (siehe Grund 63). Und sollte es tatsächlich mal passieren, daß ein gleichaltriger männlicher Bewohner dieses Planeten unseren Weg kreuzt, traut man sich gar nicht, intensiver hinzugucken oder gar zu lächeln, denn die Gelegenheit, ihn nach Namen und eventuell sogar seiner Telefonnummer zu fragen, kommt eh nicht. Außerdem: coole Jungs machen keine Sonntagsausflüge und sind daher auch auf keinem zu treffen. Grund genug, den Eltern zu versprechen, sich in Französisch um mindestens zwei Noten zu verbessern, denn Schule ist das Einzige, was eine Freistellung von Sonntagsausflügen bewirken kann, sind Eltern doch noch um einiges ehrgeiziger als wir!

GRUND 47: ELTERN WISCHEN AN UNS HERUM

Nicht nur, daß wir zu Sonntagsausflügen und ähnlichen Unternehmungen mit den Eltern immer die dämlichsten Klamotten tragen müssen, nein, kaum haben wir etwas gegessen, wischen sie an uns herum. Dabei ziehen sie ein immer sauberes Taschentuch (das sie im Gegensatz zu uns stets dabei haben) aus der Tasche, befeuchten es mit Spucke und die Reinigung beginnt. Und wie so oft: wenn sie erstmal etwas begonnen haben, hören sie nicht wieder auf! Zunächst sind die Mundwinkel, eventuell auch das Kinn dran, danach finden sie noch etwas Staub auf unserer rechten Wange, dann stellen sie fest, daß unsere Stirn auch nicht mehr ganz rein ist und so geht es weiter. Zum Schluß müssen wir unserer häßlichen Garderobe regelrecht dankbar dafür sein, daß sie an uns herumhängt, denn sonst müßten wir bestimmt eine Spucke-Ganzkörperreinigung über uns ergehen lassen, was wohl erstens nicht sehr hygienisch sein dürfte und zweitens im öffentlichen Rahmen völlig deplaziert ist! Wie das einfache An-uns-Herumwischen übrigens auch.

GRUND 48: ELTERN SIND ORDENTLICH

Das Problem an ihrer Ordnung ist, daß sie mit unserer Persönlichkeit leider nicht harmoniert, denn Ordnung oder Unordnung ist Ausdruck von Individualität, von der wir eine ganze Menge haben, auch wenn sie das nicht glauben wollen.

Wieviel innerfamiliärer Streit könnte also vermieden werden ohne den Satz: «Räum doch mal endlich dein Zimmer auf!» Dabei ist doch so vieles vergebliche Mühe.

Morgens z.B. steigen wir verschlafen aus dem Bett, nachdem wir die ganze Nacht dringelegen haben. Da ist es doch gut, wenn es erst einmal gründlich auslüften kann. Warum also sollten wir es machen? Wenn wir in der Schule sind, sehen wir es sowieso nicht, daher hat das Bettenbauen vor der Schule keinen Sinn. Eh wir wieder zu Hause sind, ist schon Nachmittag. Bis wir wieder drin verschwinden müssen, vergehen selten mehr als fünf Stunden. Wenn überhaupt! Das ist weniger als ein Viertel des Tages! Dafür dieser Streß? Abends reißen wir alles wieder ein, was wir unter Anstrengung hingebaut haben, um es gründlich zu zerwühlen und zu zerknautschen. Das ist ja nun alles andere als effektiv!

Ähnlich ergeht es uns mit den Anziehsachen, die Mutter frisch gewaschen und gebügelt ins Zimmer legt. Sie werden zwar nicht sofort gebraucht, aber irgendwann doch. Und ist es nicht günstiger, einen Pullover von einem Stapel vor dem Schrank zu nehmen als unter einem hervor, der im Schrank ist? Denn das heißt nach nicht allzu langer Zeit, daß wir in ihm rein gar nichts mehr finden, und was macht es für einen Sinn, wertvolle Zeit damit zu vergeuden, einen Schrank komplett aus- und wieder einzuräumen, dessen Inhalt sich wenige Tage später bereits erneut bunt durcheinanderbewegt?

Über scheinbar chaotische Stapel auf Schreibtischen, in Regalen und vergessene Pausenbrote zwischen Schulbüchern schweige ich lieber, weil das Sachen sind, die Eltern nie durchblicken werden, denn das Genie beherrscht das Chaos, und sie zeigen sich leider weit weniger genial, als zunächst angenommen, ganz im Gegensatz zu uns. Nur noch so viel, liebe Eltern: Sachen, die von vornherein auf dem Fußboden liegen, können nicht herunterfallen, also auch nicht kaputtgehen ...

GRUND 49: «HAST DU DIR AUCH DIE HÄNDE GEWASCHEN?»

Da wollen wir doch tatsächlich freiwillig(!) bei der Zubereitung des Abendbrots helfen, schon wird unser Elan gestoppt mit der Frage «Hast du dir auch die Hände gewaschen?» «Natürlich nicht!» lautet die korrekte Antwort in 95% der Fälle, also rennt man ins Bad, um das Versäumte nachzuholen. Wenn man dann duftend in die Küche zurückkehrt, sind die angenehmen Sachen, wie das Tischdecken oder das Getränkeflaschenöffnen schon vorbei, so daß einem wieder mal nur die Dekoration der Wurstplatte oder das Brotabschneiden bleibt. Womöglich ist inzwischen sogar das schon erledigt und man wird zum Suppenverantwortlichen ernannt, der dafür zu sorgen hat, daß ebendiese Suppe nicht anbrennt. Dabei allerdings kommt man nun wirklich mal wieder mit keinem Lebensmittel in Berührung, doch die Eltern sind eben der Meinung, daß Hände vor jedem Handgriff gewaschen sein müssen, auch wenn wir die These vertreten, zu viel Sauberkeit mache krank! Doch wie immer sind sie die Älteren und haben schon mehr Erfahrung und damit immer recht, meinen sie.

GRUND 50: ELTERN LASSEN UNS ABWASCHEN

Dieser Grund wird zwar in Zukunft heißen: Eltern lassen uns den Geschirrspüler ausräumen, was dann nicht mehr ganz so ekelhaft ist, aber trotzdem belastend. Ich jedenfalls habe Eltern, die noch immer keinen Geschirrspüler besitzen (ganz im Gegensatz zu mir!) und auch noch nie einen hatten, so daß mir dieses Problem wohl vertraut ist.

Meist findet man, soeben aus der Schule heimgekommen, einen Zettel vor mit der Aufschrift: «Bitte abwaschen». Manchmal fand ich auch einen Zettel, auf dem das Gleiche folgendermaßen beschrieben war: «Wenn du Lust hast, mach bitte die Küche! Wenn du keine Lust hast, dann bitte auch!» Ich frage Euch: wer hat je Lust, einen Berg dreckigen Geschirrs durch schaumiges Wasser zu ziehen? Am einfachsten und angenehmsten ist es noch (wenn man das Wort angenehm im Zusammenhang mit Abwasch überhaupt nennen darf!), wenn der Berg nur aus Tellern, Tassen und Besteck besteht. Doch schon, wenn die Butterdose irgendwo thront, oder sich ein Topf oder eine Pfanne dazugesellt haben, gehört das Abwaschen zu so ziemlich den widerlichsten Aufgaben in einem Haushalt (gleich nach dem Kloputzen!). Das Problem ist weiterhin, daß Bier, Saft etc. gern aus Gläsern getrunken wird, bei denen es nicht ausreicht, sie kopfüber irgendwo hinzustellen, damit sie von selbst trocknen können, sondern die wollen poliert werden, was, wie jeder aus leidvoller Erfahrung weiß, eine Heidenarbeit ist. Außerdem sind die Abtropfflächen dieser neumodischen Küchen so gering bemessen, daß auch ein Abtrocknen zwischendurch nötig wird, was das Ganze die doppelte Zeit in Anspruch nehmen läßt, und das von unserer ohnehin nicht gerade üppig bemessenen Freizeit.

Nun denke man aber nicht, daß Gläser, Topf und Pfanne schon die Krönung sind! Oh nein! Das Highlight erlebt man am Wochenende nach dem sonntäglichen Mittagsmahl. Inzwischen hat man ein Alter erreicht, wo der Mittagsschlaf zu einer fakultativen Angelegenheit geworden ist und von uns seltener wahrgenommen wird als von unseren Eltern, so daß es sich regelrecht anzubieten scheint, uns die verantwortungsvolle Aufgabe des Abwaschens zu übertragen, was sie auch wie ganz selbstverständlich tun.

Sie beginnt mit der Konservierung oder Vernichtung diverser Reste. Dann werden alle Teller, Soßenkännchen, Kosteteller und -löffel, Kochlöffel, Mixstäbe, Gemüseplatten und Dessertschüsselchen abgespült. Danach erst wird das eigentliche Abwaschwasser, verfeinert durch ein paar Spritzer Fit oder ähnlichem, ins Becken gelassen. Begonnen wird nun mit dem Abwasch der Gläser, wobei klar wird, ob man vielleicht doch ein wenig viel vom Spülmittel erwischt hat, denn das Polieren kann nur leichter werden. Als nächstes folgen Schüsseln, Teller, Bestecke, Socieren. Danach Kochlöffel, Pfannenwender, Messer, Schneidebretter, die Teile aus dem Mixer und als Krönung die Rührschüsseln, Töpfe, Pfannen etc., und die wirklich als Krönung, denn um sie auf dem nun sauberen Geschirr zu plazieren, erfordert es doch ein wenig Geschick. Schließlich will man die Eltern ja nicht wecken! Inzwischen ist man selbst völlig geschafft, die Abtropffläche mehr als voll, die Hände schwammig und in einen eigenartigen Geruch gehüllt. An dieser Stelle, an der die Stimmung schon massiv gesunken ist, läßt man das Wasser ab, drückt eine letzte Nudel in den Abfluß, spült das Becken aus, hängt den Lappen zusammengefaltet über den Wasserhahn und trocknet sich die Hände am Geschirrtuch, dreht sich um und ... findet das Geschirr vom Frühstück, das die ganze Zeit auf einem Tisch hinter uns gestanden hat und uns jetzt regelrecht angrinst.

Das nun folgende Abtrocknen des bereits gesäuberten Geschirrs erfolgt mit einer recht ansehnlichen Wut im Bauch. Die Stimmung ist auf dem Nullpunkt und die Musiksendung, von der man wenigstens noch den Schluß zu sehen hoffte, vorbei. Am Rande der Verzweiflung stellt man das Geschirr in den Schrank, läßt erneut Wasser ein, Fit dazu und das Geschirr durchs Wasser und unter dem Lappen hindurchgeschwenkt. Endlich! Wasser ablassen, Becken ausspülen, den Lappen in die Ecke geklatscht und die Mutter steht in der Tür: «Willst du auch einen Kaffee?» Dann nimmt sie das inzwischen fast schon trockene Geschirr, dessen Geklapper uns an den Rand eines Nervenzusammenbruchs führt, von der Abtrockenfläche, um es für das Kaffeetrinken auf den Tisch zu decken ...

Es ist ja nicht so, daß wir im Haushalt nicht helfen wollen, aber muß es denn immer und immer wieder der Sonntagsmittagsabwasch sein?

GRUND 51: ELTERN LASSEN UNS DEN MÜLL
HERAUSTRAGEN

Auch dieses gehört zu den unangenehmen Aufgaben, denn wie oft ist der Mülleimerbeutel gerade dann zu dünn, wenn man selbst mit dem Müllwegschaffen dran ist, und dadurch schon beim Herausheben aus dem Mülleimer reißt, womit die Schweinerei für gewöhnlich anfängt. Eine Hand oben, eine unter dem Müllsack, balancieren wir ihn durch das Treppenhaus – im Idealfall nur aus dem ersten Stock, im schlimmeren aus dem fünften – , die Nase immer schön über der Öffnung, so daß das Ganze auch noch zu einem außergewöhnlichen olfaktorischen Erlebnis wird. Dann klemmt für gewöhnlich der Deckel vom Container und wenn wir ihn doch geöffnet bekommen haben, indem wir erst um ihn herumgelaufen sind und uns mit einem beherzten Ruck drangehangen haben, stellen wir noch während des Rückweges fest, daß der Behälter bereits voll ist. Also drückt und schiebt man in der Tonne herum, und wenn man dann endlich seinen eigenen Beutel mittenrein gepreßt hat, fällt doch ganz bestimmt die schlecht ausgespülte Fischbüchse von gestern abend heraus und uns fast in den Ärmel. Voller Wut rammeln wir den Deckel wieder zu, wobei uns auch diesmal durchaus noch diverse Abfälle vor die Füße fallen können, und stampfen zurück ins Treppenhaus, sofern wir nicht den Haustürschlüssel vergessen haben. Und wieder einmal wissen wir: Wir würden unsere Kinder nie den Müll wegbringen lassen, denn das ist einfach entwürdigend!

GRUND 52: ELTERN LASSEN UNS SCHUHEPUTZEN

Man hat fast das Gefühl, alle Arbeiten, die den Eltern unangenehm zu werden drohen, wälzen sie auf uns Kinder ab. Dazu gehört auch das Schuheputzen. Natürlich haben wir sie beim letzten Drogeriemarkt-Besuch auf Schuhglänzer und Schnellputzer aufmerksam gemacht, aber in diesem Fall sind sie äußerst konservativ und bevorzugen die alten Methoden, die aus Abstauben oder Abwaschen mit anschließendem Trockenreiben, Schuhcreme dünn und gleichmäßig auf den Schuhen verteilen, dann warten und antrocknen lassen und zum Schluß polieren, bestehen.

Das Ganze wäre ja noch halbwegs erträglich, wenn sie sich mal für ein Paar Schuhe entscheiden könnten, das sie die

Woche über tragen, aber sie sind der Meinung, zum grauen Anzug paßten nur die grauen, zum schwarzen nur die schwarzen, zum braunen nur die braunen. Mutti trägt am liebsten ihre rotbraunen mit den tausend Verzierungen oder die sandfarbenen oder die aus Velourleder, die eine echte Spezialaufgabe bedeuten. Also ist der Samstagnachmittag wieder im Hintern und wir sitzen, umgeben von all der Fußbekleidung auf dem Abtreter vor der Wohnung im Hausflur, neben uns den alten Schuhputzkasten mit den Tuben und Schachteln, fettigen Lappen und kleinen Bürsten. Dann beginnen wir zu putzen, immer wieder unterbrochen von Hausbewohnern, die über uns hinwegsteigen, und ohne Gesang, denn bei der letzten Erprobung der Akustik des Treppenhauses kamen so massive Beschwerden, obwohl wir mit dem eigentlichen Lied noch gar nicht begonnen hatten.

Aber wie immer könnte es schlimmer kommen und mein Vater ist, Gott sei Dank, Sesselfußballer, denn die schwarzweißen Fußballschuhe putzen zu müssen, würde wahrscheinlich zu einem innerfamiliären Streit gigantischen Ausmaßes führen, und immerhin müssen wir ja noch ein wenig im elterlichen Haushalt wohnen bleiben, wollen wir nicht ins Heim.

GRUND 53: «RÄUM DIE KRÜMEL WEG!»

Kaum hat man den Eltern den Gefallen getan und sich eine Scheibe Vollkornbrot abgeschnitten, sie belegt und verzehrt, statt im Imbiß einen ungesunden Hamburger zu verdrücken, machen «die Alten» schon wieder Stunk. Diesmal mit der Aufforderung: «Räum die Krümel weg!» Dabei stören die Krümel überhaupt nicht! Sie riechen nicht, sie kleben nicht fest, sie machen nichts, was eine weitere Benutzung der Arbeitsfläche in der Küche behindern würde. Im Gegenteil! Sie durchbrechen durch ihre erfrischende Asymmetrie die zum Teil sterile

Küchenatmosphäre und gestalten sie dadurch gleich ein wenig menschlicher. Aber was verstehen Eltern schon von Kunst!

GRUND 54: «GEGESSEN WIRD UM SECHS!»

In jeder Familie gibt es Regeln und eine davon ist die feste Zeit des Abendbrots. Ausnahmen werden nur gemacht bei Nachhilfeunterricht, Veranstaltungen des Sportvereines, der Musikschule oder ähnlichen unserer Bildung dienenden Ereignissen. Denn das gemeinsame Abendbrot stellt den zentralen Punkt im Familienleben dar, bei dem sich ausgetauscht wird über Erlebnisse und Ärgernisse im Alltag. Da werden Schulnoten diskutiert, ebenso wie Probleme der modernen Betriebsökonomie, hin und wieder wird ein Witz erzählt, der natürlich jugendfrei ausfällt, weil der Bruder noch keine sechzehn ist, die neue Frisur wird begutachtet und bei der Gelegenheit fällt auch gleich noch das neu gestochene vierte Loch im Ohr auf, wodurch das Abendbrot nicht so harmonisch verläuft, wie es eigentlich sollte.

Doch es kommt die Zeit, in der für uns andere Dinge wichtiger werden, wie z.B. das Volleyballspiel mit Freunden oder eine Sendung im Fernsehen. Sprechen wir allerdings die Möglichkeit einer Verschiebung der Abendbrotzeit an, könnten wir auch gleich versuchen, den Eiffelturm nach London zu versetzen. Dabei steht in dem Buch «Kinder brauchen Grenzen», daß es notwendig ist, gewisse Regeln von Zeit zu Zeit zu überdenken. Im Namen der Kinder.

GRUND 55: ELTERN KAUEN NICHT AN DEN FINGERNÄGELN

Das Nägelkauen soll ja angeblich eine nervöse Angewohnheit sein, wobei es aber meiner Meinung nach bei all dem Streß in unserer Entwicklung und während des Erzogenwerdens kein Wunder ist, daß wir sie haben. Da gruselt uns die Gutenachtgeschichte, die Matheaufgabe ist mal wieder besonders knifflig, dem Vater haben unsere Schuhe mißfallen, die mitten im Korridor lagen, die Mutter rief uns wieder zu, daß sie uns jetzt zum hundertsten Male auffordere, die Krümel in der Küche wegzuräumen, unsere Freundin hat Liebeskummer, man selbst entdeckt die ersten Mitesser ... Da soll man nicht nervös werden?! Natürlich kommt man mit der Zeit von selbst darauf, daß Nägelkauen lästig ist, spätestens wenn eine Oma oder eine andere der Familie nahestehende Person die Worte fallen läßt: «So ein hübsches Mädchen und so häßliche Hände ...» Doch am schlimmsten ist es, wenn die eigenen Eltern das Thema zur Sprache bringen mit dem Nachsatz, daß wir ja nun wirklich alt genug seien und sie sich mit uns so kaum irgendwo sehen lassen könnten. Dabei sind sie es, die uns, kaum haben wir das Haus verlassen, immer wieder auffordern: «Nimm die Hände aus der Tasche!» Würden sie das lassen, würden wir das Nägelkauen lassen. Bestimmt!

GRUND 56: ELTERN BEMÜHEN SICH UM UNSERE AUFKLÄRUNG

Spätestens wenn uns der Name eines Jungen häufiger als ein Mal in vierzehn Tagen über die Lippen rutscht, fühlen sich unsere Eltern bemüßigt, zu unserer Aufklärung beizutragen. Natürlich beraten sie zuerst untereinander, wer diese verantwortungsvolle und für sie eher peinliche Aufgabe übernehmen darf. Denn während es für uns im zarten Alter von fünf Jahren noch völlig ausreichend ist, auf die Frage, wo denn die Kinder herkommen, zu antworten: aus Muttis Bauch, und auf die Nachfrage, wie sie denn dahin gekommen seien, zu sagen: weil Mama und Papa sich liebhaben, erfordert es nun doch einige

Details und nähergehende Erläuterungen, zumal die Eltern einer frühen Großelternschaft in der Regel äußerst negativ gegenüberstehen.

Nach mehreren abendlichen Diskussionen im allerengsten Kreise, zu dem wir natürlich nicht gehören, sind sie sich dann einig, daß meine Aufklärung von der Mutter übernommen wird, zumal sie dann gleich noch spezifische Frauenthemen wie erste Periode, Brustspannungen etc. gleich mit abklären kann, während sich Vater da erst einlesen müßte. Die Aufklärung meiner Brüder wird im Gegenzug vom Vater übernommen, aber das hat ja durchaus noch Zeit, da die Gefahr einer Schwangerschaft bei denen ungleich geringer ist.

Nun ist noch die Hürde des richtigen Zeitpunktes zu nehmen, den man mit einem Einkaufsbummel unter Frauen mit anschließendem Schlemmen in der Eisdiele leicht herbeiführen könnte, was aber ausscheidet, da Mama wahrscheinlich nach den passenden Worten suchen muß, und im öffentlichen Rahmen fällt nach einer gewissen Zeit jeder auf, der mit rotem Kopf und um medizinische Fachbegriffe ringend lautstark in einem Kaffee rührt.

Nun, der Zeitpunkt ist da (Papa kommt schon die ganze Woche seltsam spät von der Arbeit) und Mama quetscht sich ins Kinderzimmer. Nach einer Frage, wie es mir so geht und was die Schule mache, wobei letztere Frage eher eine vaterspezifische ist und damit höchst verdächtig, beginnt eine umfangreichere Einleitung. Wenn man nun ein gutes Kind ist und seine Mutter doch mag, nimmt man ihr die Scheu, indem man erklärt, was bereits im Sexualkundeunterricht in der Schule behandelt wurde, und was man darüber in der Bravo gelesen hat (und das ist über Necking – von dem die Mutter, wie sich herausstellt, noch nie etwas gehört hat –, über Petting bis zum Beischlaf eigentlich alles!), damit sie schon ein paar Begriffe zur Hand hat, mit denen sie das eine oder andere noch ein wenig vertiefen kann, wenn sie das denn durchaus möchte.

Das Gespräch mündet meist in einen Gang zu einem bestimmten Schrank im Badezimmer, in dem Monatshygieneartikel verschiedenster Art und Ausführung für den Fall der Fälle bereitliegen und der Bitte, sie doch zu informieren, wenn man denn die Pille brauchen sollte und sie könnte ja gegebenenfalls einen Termin bei ihrem Gynäkologen ausmachen, wobei ihr Blick allerdings sagt, daß man damit aber noch so viel Zeit habe. Vielleicht findet sie dann noch ein Buch, das den weiblichen Zyklus erklärt, der auch so, ganz automatisch, abläuft, ob man will oder nicht, und mit einem tiefen Aufatmen und einem seltsamen Gefühl vom Teilen eines Geheimnisses geht dieses Gespräch zu Ende.

Ich denke, die Aufklärung der Söhne durch die Väter verläuft ähnlich, indem nämlich die Söhne den Vätern erklären, was sie schon wissen. Aber, Söhne! Hütet euch, dem Vater den Gebrauch eines Kondoms allzu deutlich zu schildern! Er könnte sich zutiefst verunsichert fühlen, und das würde die Vater-Sohn-Beziehung wahrscheinlich auf Dauer belasten!

Ein Hinweis an alle, deren Eltern ein Gespräch über Blüten, Bienen, Schmetterlinge und Störche beginnen: Jede größere Buchhandlung hat Aufklärungsliteratur auch für Anfänger. Das wäre in so einem Fall wahrscheinlich ein passenden Geschenk bei nächstmöglicher Gelegenheit.

GRUND 57: ELTERN KENNEN DIE ÄRZTE NICHT

Würden sich unsere Eltern einmal ernsthaft mit den Ärzten beschäftigen, würden viele Probleme wahrscheinlich viel einfacher zu lösen sein oder überhaupt gar nicht erst entstehen, zeigen uns doch gerade die Ärzte, daß laute Musik nicht unbedingt mit Gleichgültigkeit zu tun hat, Sex in unserem Alter völlig normal ist und daß man nicht alles so verbissen sehen sollte, sondern mit ein wenig Phantasie und viel schwarzem Humor.

Auch sorgen die Ärzte dafür, daß uns der Musikunterricht wieder Spaß macht, wir uns doch ein wenig mehr für das zu erlernende Instrument begeistern können und die Nachmittage nicht sinnlos vertrödeln, sondern singend mit Freunden in Freibad oder Stadtpark liegen, und das, das müssen sie zugeben, ist um Längen besser als biertrinkend vorm Aldi zu hocken!

Grund 58: «Mach die Musik leiser!»

Diese Aufforderung liegt unter anderem darin begründet, daß Eltern die Ärzte nicht kennen, und auch für andere Musikgenre, die mit Lautstärke verbunden sind, wenig Verständnis zeigen. Doch wie klingt das erst, wenn man bei einem Hardcore-Stück den Sänger meilenweit übertönt, allerdings nicht seine Stimmlage hat? Gräßlich, ich weiß! Hinzu kommt, daß Kinderzimmer selten eine gute Akustik haben und das häßliche Knirschen in den schon zehn Jahre alten Boxen irgendwie ausgeglichen werden muß. Auch hat laute Musik den Vorteil, daß sie das Telefon übertönt, wenn Mutti anruft, um uns zu bitten, doch noch schnell einen Sack Kartoffeln zu kaufen.

Sicher, eine gewisse Schwerhörigkeit könnte sich mit der Zeit schon einstellen, doch man kann das Gehör ja trainieren, und damit beginnen wir bereits heute, auch in Vorbereitung auf unsere Lieblingsdisko und auch in Hinblick auf unsere Eltern, denn haben sie erstmal ein hohes Alter erreicht und sind selber nicht mehr Luchsohr, dann haben wir es doch viel leichter im Umgang mit ihnen, und das müßte ihnen doch auch am Herzen liegen.

Eltern ahnen ja gar nicht, wie sehr wir die Stille genießen nach dem Krach ...

GRUND 59: ELTERN GEBEN UNS ZU WENIG TASCHENGELD

Findige Leute in großen Ämtern geben hin und wieder Broschüren heraus, in denen steht, wieviel Taschengeld wir fordern könnten. Könnten, denn einen Anwalt können wir uns nicht leisten und kostenlose Kinderanwälte gibt es erst in drei deutschen Städten. Also müssen wir mit dem auskommen, was man uns gibt. Doch das ist unseren Bedürfnissen leider gar nicht angepaßt.

Solange wir nicht in die Disko gehen, ist das Problem noch ein kleines, da Geburtstagsgeschenke für Freunde erschwinglich gehalten und der Süßigkeitenkonsum ein wenig gedrosselt werden können. Computerspiele oder CD's im An- und Verkauf sind zwar nicht mehr brandaktuell, aber wenigstens preiswert. Doch sobald wir des Nachts den Tanzboden unsicher machen, beginnt das Problem schlagartig, riesengroß zu werden. In der ersten Woche des Monats geht es noch (ich gehe davon aus, daß das Taschengeld als eine Summe am Anfang des Monats gezahlt wird, damit man das Einteilen lernt.). Da steht eine Disko auf dem Programm, deren Eintritt noch moderat ist mit 12 Mark. Aber: der Traumtyp! Man ist verliebt! Und man ist verabredet! Den Kinoeintritt zahlt kavaliermäßig er, aber für das Popcorn kommt man schon selber auf, weil er meist in genau der gleichen miesen finanziellen Lage ist. (Wer einen Freund mit Geld hat, kann das Lesen des Kapitels hier getrost abbrechen und zum übernächsten gehen.) Danach noch auf eine Cola, die wieder er zahlt.

Am nächsten Tag dann hast und eil in den nächsten Laden (wenn Sonntag ist, in eine Tankstelle, was nur noch teurer wird), um ein Kuscheltier oder ähnliches für ihn zu erstehen, damit er sich schon mal dran gewöhnen kann wie es ist, sein Bett zu teilen! Dann mal eine Verabredung hier, mal ein Treffen dort ... Eislaufen, Kaffee trinken, ein Eis beim Italiener – das läppert sich. Wenn dann noch jemand aus der Verwand-

oder Bekanntschaft Geburtstag hat, dann ist die Pleite gleich eine Doppelpleite und der erbetene Taschengeldvorschuß wird zwar meist gewährt, ist aber begleitet von gut gemeinten Hinweisen, Ratschlägen und Ermahnungen, so daß man es gleich wieder bereut, sie überhaupt gefragt zu haben. Außerdem vergessen sie, daß es in heutigen Zeiten durchaus möglich ist, daß der Schwarm schwerreiche Eltern hat, man selbst als Model oder Sängerin entdeckt wird oder später im Beruf große Karriere macht und damit das große Geld, von dem man ihnen in der einen oder anderen Situation sicher ein Darlehen gewähren kann. Aber nicht muß!

GRUND 60: ELTERN KAUFEN UNS KEINEN FERNSEHER

Wer die Lektüre des letzten Grundes abgebrochen hat, braucht auch diesen nicht zu lesen, denn der kann sich nach spätestens vier Monaten selbst einen Fernseher leisten!

In jungen Jahren stört es uns noch wenig, daß wir keinen Fernseher haben, denn wenn unsere Eltern wenigstens ein bißchen auf Zack sind, gönnen sie uns pädagogisch wertvolle Sendungen wie «Sesamstraße», «die Sendung mit der Maus», den «Sandmann» und später dann «Peter Lustigs Löwenzahn». Doch für unsere Entwicklung ist es ab einem bestimmten Alter unbedingt notwendig, Einblicke in die Probleme reicher Teenager, ferne Welten und Yuppiehaushalte zu gewinnen. Auch fällt das Schwärmen für einen Serienstar, einen Schauspieler oder gar eine ganze Band einfach mal leichter, wenn man sie auch optisch wahrnimmt, und zwar nicht nur statisch in der Bravo, sondern auch dynamisch und akustisch im Fernsehen. Noch dazu ist das auch absolut wichtig, führt doch Unkenntnis in Bezug auf bestimmte Serien, Musikgruppen und Charts erst zur Außenseiterrolle in der Clique und später dann in der Gesellschaft. Außerdem kann sich Geschmack nur herausbilden, wenn man die Möglichkeit hat, auch ganz besonders schlechte Sachen zu erleben. Außerdem dienen Kußszenen oder besonders traurige Momente als Ventil für unsere durch die Pubertät gebeutelten Gefühle und angegriffenen Nerven, doch nichts ist peinlicher, als leise zu schniefen, während die Mutter nebenbei Socken stopft und der Vater über seine Zeitung hinweg das Geschehen auf der Mattscheibe verfolgt, oder die gesamte Familie vor «Beverly» Hills Kaffee trinkt. Natürlich können die Eltern sich in so einer Situation in Sachen Kommentar äußerst selten zurückhalten, dabei ist der meist äußerst unqualifiziert und man muß schockiert feststellen, daß sie für vieles einfach schon zu alt sind.

Eines Nachmittags, bei einem solchen Kaffeetrinken vor «Beverly» Hills, das die Eltern nur notgedrungen dulden, stellt man nun die Frage nach einem eigenen Fernseher. Die daraus folgende Diskussion ist mehr ein Duett von Mutter und Vater, die die Verfolgung der Szenerie auf dem Bildschirm gänzlich unmöglich macht. Welche Argumente dagegen für einen solchen Fall vorgesehen sind, kann ich im Moment nicht konstruieren, aber ich bin mir sicher, sie sind reichlich vorhanden. Doch wer sonst kann uns einen perfekten Kuß zeigen, wenn nicht die Schauspieler? Unsere Eltern werden's kaum tun!

GRUND 61: «WAS HAST DU IM GESICHT?»

Diese Frage ist gefürchtet, bedeutet sie doch Ärger! Was da nämlich so dezent leuchtet, ist Muttis neuer Lippenstift, den sie für über dreißig Mark bei Douglas erstanden hat, gerade erst vor einer Woche. Angeblich ist er kußecht und das wollten wir gleich ausprobieren mit dem Freund, von dem die Eltern bislang noch gar nichts wissen, denn auch das ist ein sensibles Thema, wie man bei den Extremsituationen nachlesen kann.

Im Moment wäre eine spontane und ablenkende Antwort günstig, die uns aber in den seltensten Fällen gelingt, so auch nicht in diesem. Also fragt Mutti: «Wie oft benutzt du schon meine Sachen?» Auf die Antwort, daß das das erste Mal gewesen sei, nickt sie zweifelnd und enttäuscht. Nun versprechen wir ihr, daß es auch nie wieder vorkommen wird, was mit einem kurzen «Das hoffe ich», abgetan wird oder mit einem längeren Vortrag über gegenseitiges Vertrauen. Der Nachmittag oder Abend wird uns nun verleidet sein, auch dadurch, daß wir uns immer wieder schelten, warum wir so dämlich sein mußten, anzunehmen, sie würde nichts merken. Um das schlechte Gewissen wenigstens ein bißchen zurückzudrängen, fallen wir ihr um den Hals und bitten noch einmal aus tiefstem Herzen um Verzeihung, und dieser Entschuldigung kann sie in der Regel nicht mehr widerstehen. Vielleicht auch, weil ihr schlagartig bewußt geworden ist, daß sie noch nie in ihrem Leben einen Lippenstift wirklich aufgebraucht hat und nächstes Jahr sowieso einen neue Farbe in ist und sie ihn uns dann eh «vererbt».

GRUND 62: «NIMM DIE HÄNDE AUS DEN TASCHEN!»

Im Leben eines jeden Teenagers gibt es eine Zeit, in der er seine Hände am liebsten in Pulloverärmeln oder Hosentaschen versteckt. Auch ich habe solch eine Phase durchlebt, und das war nicht immer leicht, denn beschwor sie doch den ewigen Satz: «Nimm die Hände aus der Tasche!» Dabei ist es doch so viel bequemer! Ich stelle mir vor, die Hände hängen immer nur an den Armen herunter. Da staut sich doch das ganze Blut darin! Oder man verschränkt die Arme vor dem Körper: Leute, die sich mit Körpersprache beschäftigen, interpretieren das als Abwehr- und Protesthaltung. Das hätte meinen Eltern gewiß gefallen ... Auch hat das Verstecken der Hände den Vorteil, daß man im

Winter schon darin geübt ist, sie in der Tasche zu haben, wodurch man dann nicht so schnell friert, und man muß mit ihnen nicht rumfuchteln oder wild gestikulieren, was nervöse Gesprächspartner nur noch nervöser machen würde. Aber es gibt noch einen ganz wesentlichen Grund dafür, die Hände zu verstecken: vielleicht hat man das Nägelkauen noch nicht ganz überwinden können, und abgekaute Nägel sehen ja nun wirklich widerlich aus.

GRUND 63: «HEB DIE FÜSSE!»

Auch das ist vor allem ein Teenagerproblem, das die Eltern nicht in der Lage sind als solches zu erkennen und sich dadurch zu ständigen Ermahnungen veranlaßt sehen, doch das Schlurfen steht in einem engen Zusammenhang mit der Persönlichkeitsfindung, sagt doch das Gangbild eine Menge über den Menschen aus.

Kommt einer mit hängenden Schultern und eingezogenem Kopf daher, sieht man sofort, daß er ein Problem hat, meistens mit dem Selbstbewußtsein. Schreitet jemand an uns vorbei mit erhobenem Haupt, so hoch, daß er uns kaum noch wahrnimmt, wissen wir, daß wir mit dem gar nicht die Freizeit verbringen möchten. Dann kann man noch tänzelnd daherkommen, was meist ein wenig anfällig und wenig belastbar wirkt, oder man schlurft eben, mit geradem Rücken, aufmerksamem Blick und ist einfach cool.

Ich denke, für die Entwicklung ist es wichtig, alles in Sachen Gang mal ausprobiert zu haben, genauso wie die hohen Schuhe, die Mutti als zu aufgedonnert ablehnen wird, obwohl wir sie aus ihrem Schrank gezogen haben.

GRUND 64: «SITZ GERADE!»

Ähnlich wie das «Sitz still!» in früher Kindheit, begleitet jetzt ein «Sitz gerade!» alle unsere Mahlzeiten, Schularbeiten und ähnlichen Aktivitäten, die mit einem Stuhl verbunden sind. Und ähnlich wie beim «Sitz still!» ist auch das «Sitz gerade!» mit schier kaum zu bewältigender Anstrengung verbunden, zumal es uns sowieso schon nicht leicht fällt, mit unserem sich entwickelnden und sich völlig neu proportionierenden Körper zurechtzukommen. Plötzlich sind die Arme viel länger geworden, so daß wir uns nicht einmal mehr vorbeugen müssen, um unserem Bruder beim Mittag die Quarkspeise vor der Nase wegzuschnappen. Andererseits beschweren jetzt, mädchenüblich, zwei mehr oder minder große Auswüchse unseren Oberkörper, und dieses Gewicht mittels Rückenmuskulatur auszugleichen, bedeutet hartes Training! Auch wollen sie, daß wir unsere Schulaufgaben ordentlich erledigen und überhaupt optimale Lernergebnisse erzielen, doch dazu braucht man eine bequeme Arbeitshaltung, und bequem heißt bequem und nicht gerade!

GRUND 65: «MACH DIE SCHLEIFEN AUF!»

Wir waren ja gegen Schuhe mit Schnürsenkeln, zumal Klettverschlüsse gerade ultra angesagt sind, aber wieder einmal entpuppten sich unsere Eltern als altmodisch, und so haben wir wenigstens die Schuhe der richtigen Marke am Fuß, aber eben mit Senkeln. Nun ist das Schleifenbinden zwar eine Sache, die wir bereits seit dem Kindergarten beherrschen, aber es ist ein Irrtum anzunehmen, daß wir dieses Handwerk auch immer wieder gern ausführen. Noch dazu, wo die Schuhe auch so vom Fuß zu kriegen sind, ohne sich bücken zu müssen, wobei das Bücken ohnehin nicht gut für die Bandscheiben ist, wie wir am

Vater immer wieder beobachten können. Doch jedesmal, wenn wir uns beim Schuheausziehen aufrecht halten, heißt es: «Mach doch die Schleifen auf!» Statt sich zu freuen, daß wir uns tatsächlich einmal anstrengen müssen, vor allem, wenn die Schuhe neu sind, wollen unsere Eltern nun wieder, daß wir es so bequem wie möglich haben. Das begreife, wer will!

GRUND 66: «BIST DU AUCH WARM GENUG ANGEZOGEN?»

Bei Gericht würde sicher Einspruch gegen diese Frage erhoben, bedeutet sie doch Spekulation. Denn sie wird immer schon gestellt, bevor wir das Haus verlassen. Ähnlich wie bei dem Taschentuch fragen sie nur äußerst selten: «Warst du auch warm genug angezogen?», und wenn, dann meist mit einem gehässigen Unterton, weil man ihnen gegenüber seinen Kopf durchgesetzt hat und schon rückenfrei unterwegs war, obwohl es erst Anfang April ist. Manchmal versuchen sie die Frage auch anders zu stellen, nämlich so: «Du hast wohl gar kein Hemd an?» Dabei sind Unterhemden ja nun wirklich was für Omas und alte Männer, und von dem hauchdünnen mit der Spitze hat Mutti uns höchstselbst beim letzten Einkaufsbummel ganz schnell weggezogen. Wenn man allerdings die Angewohnheit entwickelt, mehrere Sachen übereinanderzuziehen, wie z.B. T-Shirt, Sweatshirt und Kapuzenpullover, ist ihnen das auch wieder nicht recht! Zum einen wegen der großen Wäsche, die dabei auf sie zukommt, und zum anderen, weil sie der Meinung sind, man laufe rum wie Schlumps. Also, einmal könnten sie sich nun wirklich entscheiden, wie sie es gern möchten! Bis sie aber vielleicht einmal soweit sind, tragen wir es mit Fassung und mit Würde!

GRUND 67: ELTERN WECKEN UNS NICHT PÜNKTLICH

Jeden Morgen in der Woche das gleiche Dilemma. Der Wecker klingelt, wir drehen uns noch einmal um und ... verschlafen! Sicher hat Mutti bereits dreimal gerufen, aber wie oft schon haben wir ihr demonstriert, daß das einfach nicht ausreichend ist? Das erste Weckerklingeln bedeutet: Bitte auf die Weckphase vorbereiten! Das zweite Weckerklingeln heißt: Achtung! Weckphase beginnt! Muttis erstes Rufen: Hallo, ich bin wach und begleite dein Aufwachen! Muttis zweites Rufen: Bitte das Augenöffnen vorbereiten! Muttis dritter Ruf: Jetzt bitte ersten Versuch, die Augen zu öffnen, starten! – Hier bricht das Weckprogramm für gewöhnlich ab, obwohl noch folgende Schritte fehlen: Zweiten Versuch starten, die Augen zu öffnen! Langsam an das Licht gewöhnen und vorsichtig um sich schauen. Versuchen, den Kopf zu drehen und ihn auch mal abheben. Fühlen, ob alle Gliedmaßen noch vorhanden sind, wenn nötig, nachschauen! Den linken/rechten Fuß langsam unter der Decke hervorschieben und die Außentemperatur prüfen. Den zweiten Fuß hinterherschieben und eventuell schon einen Arm in Ausgangsstellung bringen. Die Bettdecke ein wenig zur Seite schieben. Langsam im Bett aufrichten. Sich strecken und herzhaft gähnen, sich dabei bei Bedarf die Augen reiben. Dann erst vorsichtig aufstehen und sich in Richtung Bad bewegen.

Daß dieses Mammutprogramm am für gewöhnlich viel zu frühen Morgen nicht in einer viertel Stunde abgehandelt ist, versteht sich wohl von selbst. Hinzu kommen der Waschgang mit Zähneputzen und eventuell noch eine längere Sitzung. Danach ein Frühstück mit Tee oder Kaffee und möglicherweise einem Keks, um das wir uns in der Regel auch selbst kümmern müssen. Die Schulsachen müssen noch zusammengefunden werden, und Ermahnungen angehört, wonach wir am Abend früher ins Bett gehen sollten, die übrigens in dieser Situation wenig Sinn haben, helfen sie uns doch kein bißchen weiter und geht es uns dadurch keinen Deut besser, eher noch verrinnen kostbare Sekunden, gar Minuten! Wenn man dann endlich die Tür hinter sich zugeworfen hat, schließt der Bus soeben seine und fährt uns vor der Nase weg. Guten Morgen!

GRUND 68: RANGFOLGE IM BAD

Die Rangfolge im Bad ist in jeder Familie anders, aber in keiner einfach. Sie ist genau festgelegt und jede Abweichung führt zu einem unüberschaubaren Chaos. Das liegt unter anderem darin begründet, daß ein Bad für vier Personen, die alle etwa zu der gleichen Zeit aus dem Haus müssen, aber auch gern bis zuletzt im Bett rumkuscheln, einfach zu wenig ist. Sicher kann man mal kurz pullern, während Mutti sich die Zähne putzt, aber ein Waschbecken ist nun wirklich zu klein für ihren Lappen und meinen Kopf. Also wird die Badezimmernutzungsreihenfolge für den nächsten Morgen entweder beim Abendbrot oder doch zumindest vorm Zubettgehen erörtert. Meist hat man einen Fixpunkt, welchen oft der Vater darstellt, um den sich alle anderen gruppieren, denn Vati braucht genau zwanzig Minuten mit allem drum und dran und ist daher eine kalkulierbare Größe. Außerdem hat er im Gegensatz zu uns schulpflichtigen Kindern keine Frei- oder Ausfallstunden, so daß er immer zur gleichen Zeit das Bad benutzt, was die Planung weiter vereinfacht. Nun muß man sich mit dem Bruder abstimmen, wann er aufstehen will und ob er Großes vorhat im Bad wie etwa rasieren, was bei ihm noch nicht täglich nötig ist, so daß wir einschätzen können, ob dann für uns noch genug Zeit bleibt zum Zähneputzen, Haarewaschen und Pickelbehandlung zwischen ihm und der Busabfahrt, oder ob man gut daran tut, das Bad vorher zu benutzen. Mutti ist in diesem Punkt äußerst flexibel, auch, weil sie uns zur Welt gebracht hat und mit dem Vater das Bett teilt, so daß sie durchaus mal reingehuscht kommt und sich wenigstens die Zahnbürste in die Küche holt, wenn die Zeit mal wieder knapp wird. Und doch: diese ewige Rangelei um Klo und Dusche ist äußerst nervig und daher wäre zu überlegen, wie die Eltern davon zu überzeugen sind, das geplante Häuschen doch schon jetzt zu bauen und dann peinlichst darauf zu achten, daß für jedes von uns Kindern wenigstens ein Bad zur Verfügung steht!

Grund 69: «Musst du so lange duschen?»

Einerseits wollen sie, daß wir uns sauber halten, andererseits nerven sie uns mit so Fragen wie obiger. Doch wenn Hygiene schon sein muß, dann soll sie doch wenigstens angenehm sein! Und Einschäumen, langsam und gründlich abspülen, noch mal einschäumen, wieder abspülen, das braucht an sich schon seine Zeit. Außerdem: was gibt es Schöneres, als unter der warmen Dusche zu stehen, und das Wasser auf sich herabrieseln zu lassen? Während wir das alles genießen, genau wie den Duft vom Duschbad und unser sich gerade einstellendes Wohlbefinden, haben sie nichts weiter als die Wasseruhr im Blick, die natürlich auf ihrer Seite ist!

Grund 70: «Du bist bitte um zehn zu Hause!»

Was hier wie eine Bitte klingt, ist eine knallharte Forderung! Natürlich sind sich die Eltern im klaren darüber, daß es nun kaum noch lohnt, überhaupt loszugehen, aber sie werden sich hüten, auch nur eine halbe Stunde länger zu gewähren. Zumal sie, sind wir noch unter achtzehn, sogar das Jugendschutzgesetz bemühen könnten. Und wir werden uns hüten zu maulen, denn womöglich heißt es dann mit so einem gewissen Unterton von ihnen. «Du mußt auch gar nicht gehen ...» Also nehmen wir uns zusammen und gleichzeitig vor, die vor uns liegenden zweieinhalb Stunden optimal zu nutzen. Da allerdings wird es schon schwierig, denn die Disko öffnet erst um 21 Uhr und der Weg dorthin (und auch der zurück) dauert mindestens 28 Minuten. Kino könnte knapp werden, ist aber möglich, allerdings nur, wenn es Anfang des Monats ist oder man sehr sparsam war. Bleibt also wieder mal nur der Italiener an der Ecke, denn zu dem sind es nur sechs Minuten zu Fuß, und wenn man sich den Abend über an der zweiten Cola festhält, reicht das Taschengeld auch noch für ein Eis in der nächsten Woche. Vor allem aber kann man sicher sein, daß man heil hin- und zurückkommt, da Mutter um diese Zeit bestimmt noch nicht schläft und unsere Wege mit Argusaugen überwacht, nur zu unserer Sicherheit, wie sie sagen wird, aber daß das ganz andere Ursachen hat, ist in Grund 19 beschrieben.

GRUND 71: ELTERN WOLLEN ALLES GANZ GENAU WISSEN

Dabei stimmt das gar nicht. Oder doch? Erzählt man ihnen vertrauensvoll, was man letzte Nacht alles erlebt hat, daß man im See schwimmen war oder auf einer Burg die Geisterstunde durchwachte, werden sie die Hände über dem Kopf zusammenschlagen und ausrufen. «Aber Kind! Sowas kannst du doch nicht machen! Was da hätte alles passieren können!» Also tut man gut daran, ihnen nicht alles bis ins Kleinste zu berichten, aber etwas erzählen sollte man schon, denn wilde Vermutungen ihrerseits führen nur zu noch mehr Streß. Also Information ja, doch wohldosiert, da sie sich dann wieder übermäßige Sorgen machen können, denn das, so denken sie, ist Zeichen für ihre gute Elternschaft. Leider aber ist es keines für Vertrauen!

GRUND 72: ELTERN WOLLEN UNSERE FREUNDE KENNENLERNEN

Dagegen ist im Grunde nichts einzuwenden, nur haben Eltern ein ganz besonderes Geschick, uns vor unseren Freunden zu blamieren. Deshalb ist es besser für uns und unser Ansehen, wenn wir so wenig Freunde wie möglich haben (oder zumindest so tun), aber einige sind doch nötig, denn sonst vertrauen uns die Eltern wieder nicht. Ein paar nette und «anständige» Personen mit super Umgangsformen und den Eltern in entsprechenden Berufen lassen sich im Freundeskreis sicher finden, und die sollte man für die Vorstellung zu Hause engagieren, denn gleich haben die Eltern auch von uns einen viel besseren Eindruck und lassen uns vielleicht eine halbe Stunde länger ausgehen als üblich. Doch wir sollten bereits spätestens im Alter von fünfzehn Jahren damit beginnen, unsere Eltern nach und nach davon in Kenntnis zu setzen, daß sie nicht alle unsere Freunde und Bekannten kennen können, denn sonst ist es möglich, daß sie probehalber ein Wochenende mit den Leuten wegfahren wollen, mit denen wir unseren nächsten Urlaub planen. Und das wäre für uns ja wohl so peinlich, daß es ausgeschlossen ist, wollen wir am Ende nicht freundlos dastehen!

GRUND 73: ELTERN HOLEN UNS VON DER DISKO AB

Sicher denken sie sich dabei nichts Böses, sondern daß sie uns damit einen Gefallen tun, aber wieder einmal blamieren sie uns sowohl vor unseren Freunden als auch, und das ist viel schlimmer(!), vor unserem potentiellen Schwarm. Man kann es drehen und wenden wie man will, sie können es in diesem Falle einfach nicht richtig machen! Und zwar aus folgenden Gründen: Wird man von den Eltern abgeholt, sieht es so aus, als sei man nicht in der Lage, aus eigener Kraft den Weg zurück nach

Hause zu finden, oder einfach überängstlich und ein Mama-Kind, das die Eltern nicht im Griff hat. Beides gereicht dem Image nicht gerade zum Vorteil. Außerdem holen sie uns nie morgens um halb fünf ab, wenn es nämlich durchaus sinnvoll wäre und damit unsere Zustimmung fände, sondern nachts um halb eins, und schon das finden sie reichlich spät, wobei wir uns um diese Zeit gerade erst begonnen haben zu amüsieren.

Dann das elterliche Auto: ist es ein Kleinwagen und sitzt Mutti allein drin, mag es noch gehen, obwohl auch das den eben beschriebenen Makel nicht wettmacht. Sitzen aber Mutti und Vati drin, ist doch für alle Welt klar, daß die Eltern keine Kohle haben. Wird man dagegen mit einem Mercedes, BMW oder Audi abgeholt, denken alle: «Mann, haben die ein Geld», und schon wird man beim nächsten Mal argwöhnisch beobachtet, ob man eine arrogante Ziege, ein verwöhntes Gör oder ähnliches ist. Fährt die Familie allerdings einen Kombi, womöglich noch mit Kindersitz, kann man die Sache mit dem Schwarm gleich vergessen, denn der muß doch denken, man ist jeden Sonntag auf Achse zum Angeln oder im Erlebnisbad oder muß Babysitten, und hat deshalb nie Zeit. Aber am allerschlimmsten ist: wenn ER nun endlich, endlich auf uns aufmerksam geworden ist und uns nach unserer Telefonnummer fragt, und man nichts lieber täte, als ihn in Grund und Boden zu knutschen und er so aussieht, als könnte ihm eben das auch gut gefallen, dann sitzen da die Eltern im Auto, schlimmer als der Verfassungsschutz, und man kann sich nicht mal vor die Tür begleiten lassen, geschweige denn noch gemeinsam einen Stern für ein Aneinanderdenken ausgucken, und dafür könnte man sie manchmal wirklich hassen!

GRUND 74: ELTERN SCHICKEN UNS IN DEN CHEMIEUNTERRICHT

Während die Notwendigkeit der Mathematik, sofern sie auf die vier Grundrechenarten beschränkt bleibt, von uns ja nicht einmal bestritten wird, verhält sich das in Sachen Chemie doch ein wenig anders. Zweifellos spielt die Chemie in unserem Leben eine große Rolle! In allen Dingen steckt Chemie: im Haushaltsreiniger, in unseren Turnschuhen, in den Aspirin, in Smarties und auch sonst in fast allen Lebensmitteln, und dennoch: Niemand würde bei Tisch auf die Idee kommen festzustellen, daß bei der Zubereitung der Mahlzeit zu wenig Natriumchlorid verwendet wurde. Es heißt ganz profan: «Gib mal bitte das Salz!» Und gleichermaßen käme niemand auf die Idee, jetzt mittels Briefwaage alle auf dem Teller befindlichen Substanzen zu wiegen, um genau die richtige Menge des Gewürzes zu erwischen. Es wird einfach drübergestreut, umgerührt, gekostet und bei Bedarf so lange wiederholt, bis das Ergebnis annehmbar ist.

Auch wenn der Kuchen sich weigert hochzugehen, wird sich keiner hinsetzen und eine chemische Formel zu Papier bringen. Es wird bestenfalls aufs Verfallsdatum von Hefe oder Backpulver geguckt, und wenn das nicht Ursache des Versagens des Kuchens ist, mit den Schultern gezuckt und gesagt: «Wer weiß ...»

Wenn Vaters Hemden in der Maschine nicht ganz rein werden, taugt das Waschmittel nicht und es wird ein anderes gekauft, ebenso beim Spülmittel oder Kloreiniger.

Wozu ist es für uns wichtig zu erfahren, ob ein Lebensmittel Stärke enthält und wieviel Fett? Es gibt genug Tabellen, die wir bei einer Diät zu Rate ziehen können, und ich bin mir nicht sicher, ob das Ergebnis von Muttis Abnehmkur besser ausgefallen wäre, hätte sie die genaue Zusammensetzung ihrer Ananas-Enzyme gewußt.

Immerhin gibt es Leute, die werden dafür bezahlt, daß sie all diese Dinge wissen, die Beipackzettel und Flaschenaufschriften entwerfen, also warum sollen wir uns quälen mit soviel *mol* von diesem und soviel *mol* von jenem, und wenn es rot wird, ist das passiert, und wenn es dampft, dann eben etwas anderes, und wenn es anfängt, wie verrückt auf der Haut zu brennen und unser Schulbuch zu zerfressen, war es wohl eine Säure, und wenn es nach faulen Eiern stinkt, handelt es sich um Schwefelwasserstoff. Davon geht der Gestank nicht weg! Und statt uns beizubringen, wie man Tränengas herstellt, sollten sie uns lieber darin unterweisen, wie man sich davor schützt! Aber so alltagsbezogen ist der Chemieunterricht natürlich nicht.

Unsere Eltern, die uns sonst von allem fortreißen, was eventuell in ferner Zukunft einen Anstrich von gefährlich bekommen könnte, setzen uns jede Woche mindestens zwei Mal einer Gefahr aus, die unberechenbar weil undurchschaubar ist; sie können nämlich selbst nur mit Mühe und Not die Namen der chemischen Verbindungen auf den Etiketten buchstabieren. Oder lernen wir deshalb Chemie?

GRUND 75: ELTERN LASSEN UNS NICHT AUSSCHLAFEN

Während sich Eltern, sind wir noch klein, wünschen, wir mögen doch wenigstens eine halbe Stunde länger schlafen am Morgen, verlangen sie von uns, kaum haben wir uns im Ausschlafen geübt, daß wir am Wochenende spätestens um elf aus den Federn kommen. Es soll sogar Eltern geben, die darauf bestehen, daß man mit ihnen zusammen das Frühstück einnimmt, was meist in Diskussionen darüber endet, wie elend man aussehen würde (dabei sieht man nur genau so aus, wie man sich gerade fühlt!), und daß man eher ins Bett gehen müßte. Und wieder einmal hat man irgendwie den Eindruck, daß die Eltern schon erwachsen auf die Welt gekommen sind, denn sonst wüßten sie, daß gerade die Nächte aufregend sind und deshalb nicht mit so sinnlosen Sachen wie Schlafen verschwendet werden sollten.

Manchmal fragen sie uns auch, was wir die ganze Nacht gemacht haben, und beginnt man irgendwann, tatsächlich davon zu reden, wollen sie es gar nicht mehr so genau wissen!

Hinzu kommt, daß das zeitige Aufstehen den eigenen Plan vom Wochenende völlig durcheinanderbringt, denn um überhaupt etwas zu tun, beginnt man schon mal vorsichtig, all die Dinge zu machen, die man sich für den Nachmittag zurechtgelegt hatte. Am Nachmittag hat man dann für gewöhnlich massig Zeit und weiß nicht einmal wofür. Dadurch sieht es wieder so aus, als würde man sich langweilen, was ja in den meisten Fällen auch stimmt, und die Eltern lassen sich in dieser Situation nicht selten dazu hinreißen, Sonntagsausflüge vorzuschlagen oder darauf hinzuweisen, daß die Physiknote auf dem Vorjahreszeugnis besser war als die auf dem letzten. Doch wie soll das auch anders sein bei dem Schlafentzug?

GRUND 76: ELTERN SPERREN DAS TELEFON

Eltern haben ja keine Ahnung, was auf dem Schulheimweg, in der Straßenbahn oder im Bus so alles passieren kann! All das sind Ereignisse von solch emotionalen Ausmaßen, daß man sie unbedingt gleich seiner besten Freundin mitteilen muß! Meist ist noch so viel Wut oder Freude übrig, daß es für die andere beste Freundin und auch noch für die zweitbesten Freundinnen reicht. Kaum hat man aufgelegt und sich an die Schularbeiten gesetzt, stellt man fest, daß man der gestellten Aufgabe nicht gewachsen ist, aber man hat da einen Schulkameraden, der sicher helfen kann, doch leider, leider wohnt der am anderen Ende der Stadt und so viel Zeit hat man ja nun auch nicht, als daß man extra hinfahren könnte! Also wieder zum Telefonhörer gegriffen, und da man am Nachmittag selten geistig so ganz auf der Höhe ist, dauert das Gespräch schon mal anderthalb Stunden. Dann noch ein schneller Anruf bei der Mutter in der Firma, daß man sich zum Eislaufen verabredet hat und daher nicht am Abendbrot teilnimmt, und während des Blätterns im Telefonbuch stellt man fest, daß man mit der Austauschschülerin in London auch schon seit Ewigkeiten nicht mehr gesprochen hat und die am Abend für gewöhnlich ebenfalls unterwegs ist. Inzwischen versuchte unsere beste Freundin, uns per Draht zu erreichen und beschwert sich gleich noch, daß bei uns immer besetzt ist, ist aber gleich wieder versöhnt, wenn man ihr das Neueste aus England zu berichten weiß. Ein schneller Blick auf die Uhr sagt, daß man sich nun beeilen muß, damit der Bus nicht ohne einen ins Eisstadion fährt, und man verabschiedet sich voneinander mit den Worten: Bis gleich!

Telefonate unter der Woche haben den ganz großen Vorteil, daß die Eltern sie nicht mitbekommen. Aber wehe, es klingelt am Wochenende! Zuerst melden sie sich ja noch freundlich, aber nicht lange. Bald schon knurren sie ihren Namen in den Hörer und reichen ihn mit einem grimmigen Blick an uns weiter. Wenn man Pech hat, ist der Apparat fest installiert, so daß sie jedes Wort hören können, was natürlich nicht in jedem Falle günstig ist. Außerdem ist zu bemerken, daß es in ihnen arbeitet, bis sie eines Tages die Frage nicht mehr zurückhalten können: «Was habt ihr euch bloß alles zu erzählen?» Was können wir denn dafür, daß sie keinen Telefonpartner haben?!

Manchmal fragen sie uns auch, ob wir unsere Freundin nicht besuchen können, wo wir ihr doch offensichtlich so viel zu sagen haben, aber auch das ist ein Punkt, den sie nie verstehen werden, oder habt ihr eure Eltern schon mal gemütlich auf dem Teppich liegend, die Beine in der Luft und das Telefonkabel um den Finger wickelnd erlebt? Und wie sieht das denn aus, wenn man sich in fremden Wohnungen vor Lachen über den

Fußboden rollt oder in einem Haltestellenhäuschen beim Erzählen seine Yoga-Übung praktiziert!

Ein gewichtiges Argument in Sachen Telefonverbot scheint für die Eltern die Sache mit der Rechnung darzustellen. Dabei sinken die Gesprächstarife immer weiter, während das Kindergeld steigt! Und für 250 Mark kann man schon eine ganze Weile telefonieren!

GRUND 77: «WAS SOLL BLOSS AUS DIR WERDEN?»

Zunächst natürlich Feuerwehrfrau oder Weltraumfahrerin oder Präsidentin. Später dann eine Reiche, eine Kluge oder auch eine Schöne. Keinesfalls aber eine Tagträumerin, eine Dichterin, eine Lebenskünstlerin, ein Boheme – nach Wunsch unserer Eltern.

Schon bei den ersten Anzeichen in letztere Richtungen werden unsere Eltern hellhörig und starten neuerlich Erziehungsversuche mittels Regeln und Verboten, die wir längst für überwunden hielten. Dabei wollen wir vor allem eins (wie jeder Mensch in jungen Jahren): das Leben genießen! Denn hat man erst mal eine geregelte Arbeit, eine Familie, ein Eigenheim, ist es aus mit den Träumen und harte Arbeit angesagt. Den Urlaub bucht man dann «all inclusive», die Socken sind farblich mit Tasche, Haarband und BH abgestimmt, und abends wird spätestens um zehn ins Bett gegangen, damit man am nächsten Tag beim Anblick des Chefs schon lächeln kann und bei ihm dadurch einen guten Eindruck macht. Wie schrecklich!

Also antworten wir weise: ein guter Mensch!

Mehr können sie beim besten Willen nicht von uns verlangen!

GRUND 78: «SOLANGE DU DEINE BEINE UNTER MEINEN TISCH STECKST ...»

Daß wir das tun, liegt einfach daran, daß sie uns verboten haben, die Beine auf den Tisch zu legen. Da bleibt uns ja gar nicht anderes übrig als sie unter dem Tisch zu postieren, zumal sie trotz allem immer noch darauf bestehen, daß wir wenigstens eine Mahlzeit täglich mit ihnen zusammen einnehmen, und wenn wir uns seitlich an den Tisch setzen, kriegen wir solche Rückenschmerzen, und außerdem dürfte der neben uns sitzende Mensch über unsere ausgestreckten Gräten in seine Richtung nicht gerade erfreut sein.

Was aber hat nun die Anweisung, die auf diesen halben Satz folgt, mit dem Tisch zu tun? Der kann ja nun wirklich nichts dafür! Der muß schon all das Geschirr, die Speisen, die Getränke, so manche lautstarke Debatte und unsere Matheaufgaben ertragen, was an sich schon eine große Leistung ist. Aber darum geht es auch gar nicht. Es geht vielmehr darum, daß der Tisch ein den Eltern gehörendes Objekt ist, von dem sie gewisse Kompetenzen abzuleiten versuchen. Wenn euch also dieser Halb-Satz nervt, versucht, ein wenig Taschengeld zu sparen, und kauft ihnen den Tisch einfach ab!

GRUND 79: GESCHENKE FÜR DIE ELTERN

Ein Feiertag steht an, Weihnachten oder Geburtstag, und damit die Frage: Was schenke ich den Eltern? Nächtelang grübeln wir, und je näher der gewisse Tag rückt, desto mehr Zeit für Gedanken darüber brauchen wir. Die Erledigung von Hausaufgaben sowie Mitschriften in der Schule geraten immer weiter in den Hintergrund, doch einer Lösung kommen wir nur sehr langsam näher. Gerade vor Weihnachten ist es gut, daß die

Ferien etwas früher als das eigentliche Fest beginnen, da wir sonst gewiß eine Entschuldigung für den Unterricht bräuchten. Elterliche Geburtstage liegen, wenn man Pech hat, nicht in den Ferien, doch in diesem Fall kann man ja vielleicht auf eine Krankschreibung zurückgreifen?

Nun, was sollen wir schenken? Zum ersten sollte das Ganze möglichst nicht teuer sein, aber vielleicht doch wenigstens so aussehen, damit die Eltern sehen, wie sehr man sie schätzt. Dann wäre es vielleicht gut, wenn es etwas wäre, das sich verbraucht oder auch eingeht, damit man zur nächsten Festlichkeit wieder ein Geschenk machen kann. Nützliche Geschenke sind insofern immer gut, da sie in der Regel Freude darüber hervorrufen, was für praktische Menschen wir doch sind. Hüten sollte man sich vor Geschenken, die irgendwo hingestellt werden müssen – sie sammeln sich an, bis sich ein geheimer Groll auf sie entwickelt, weil mit ihnen Aufwand in Form von Wegrücken oder Staubwischen betrieben werden muß. Selbstgebasteltes kommt immer gut an, wobei allerdings Origami unter die zu verhütenden Geschenke fällt. Günstiger wären da selbstgestaltetes Briefpapier, ein Nadelkissen, gehäkelte Topflappen, ein Leistenuntersetzer für die Kaffeekanne, wobei man solche Sachen wahrscheinlich Jahre später noch seinen eigenen Kindern zeigen kann, denn das sind Dinge, die im elterlichen Haushalt zwar Gebrauch finden, gleichzeitig aber gut gehütet werden.

Vorsicht ist geboten bei Büchern! Ich wollte meinem Vater mal eine Freude machen mit einem sehr netten Comic von Erich Rauschenbach. Allerdings hieß er «Alle Väter nerven». Da war ich fünfzehn und mein Vater in dieser Zeit nicht sehr humorvoll. Im Jahr darauf schenkte ich ihm dann vom gleichen Autor das Buch «Erziehung ist reine Glückssache», um unser Miteinander ein wenig zu erleichtern. Es bedurfte dennoch einiger tiefgründiger Gespräche darüber, daß beide Geschenke keineswegs einen Angriff auf seine Person darstellten, bis er sich ehrlichen Herzens darüber freuen konnte. Im folgenden Jahr ging ich wieder auf Nummer sicher, wie auch die Jahre vor den Versuchen des alternativen Geschenkes, und er bekam einen Rasierer mit entsprechender Pflegeserie. Zum Glück kommt da jedes Jahr ein neues Modell auf den Markt, und da sich mein Vater noch immer naß rasiert, weiß ich auch schon, womit ich ihn in diesem Jahr überrasche.

Mütter haben oft einen Hang zu Pflanzen, derer es so viel verschiedene gibt, daß man eine große Auswahl hat, auch um herauszufinden, mit welchen sie gar kein Glück hat. Gehen ihr z.B. immer die Alpenveilchen ein, schenkt man ihr eben zum nächsten Geburtstag wieder ein Alpenveilchen, worüber sie sich sehr freuen wird, zeigen wir ihr doch, daß wir an sie glauben und daran, daß sie es diesmal etwas länger am Leben halten kann, als nur die nächsten drei Wochen. Mitunter kann auch ein Tuch oder ein Schal ein sehr schönes Geschenk sein, nämlich immer dann, wenn sie sich einen neuen Mantel gekauft hat, aber noch keine farblich passenden Accessoires. Geschenke für die Mutter zu finden ist auch insofern unproblematischer im Gegensatz zu Geschenken für den Vater, da bei näherer Betrachtung auffällt, an welcher Stelle sie Hilfe bei der Hausarbeit oder dem Management der Familie brauchen kann. Denn da sie sich sowieso für alles verantwortlich fühlt, kann man ihr mit dem passenden Geschenk diese Aufgaben doch sehr erleichtern.

V. ELTERN IN EXTREMSITUATIONEN

Extremsituationen erfordern extreme Nervenstärke – von uns! Stürzen sie doch die Eltern in tiefe Krisen, Verzweiflungen und das Gefühl des Versagthabens in der Erziehung, wobei sie lediglich übersehen, daß wir inzwischen größer und älter geworden sind, sowie in der Lage, unsere eigenen Entscheidungen zu treffen, und ebensolche Wege zu suchen und auch zu finden. Doch man hat fast den Eindruck, ihnen mit dieser lobenswerten Selbständigkeit ihren Lebensinhalt zu entziehen, und das ist nicht verwunderlich, denn hier geht es um schwindenden Einfluß!

Deshalb erfordert es ein Übermaß an Nachsicht, Ausdauer und eine feste Hand unsererseits, denn die Eltern zu Toleranz, Eigenständigkeit und Bewußtwerden ihrer eigenen Persönlichkeit zu erziehen, sowie ihnen ein neues Selbstbewußtsein zu geben, ist eine gewaltige und verantwortungsvolle Aufgabe.

GRUND 80: ELTERNABENDE

Mindestens einmal im Schuljahr bringen wir einen Eintrag oder einen Zettel mit nach Hause, durch den zum Elternabend eingeladen wird. Die Eltern geraten ganz aus dem Häuschen darüber, daß sie überhaupt zu wem eingeladen werden, aber nicht lange, denn so richtig Zeit haben sie plötzlich beide nicht. Außerdem muß ein Elternabend ja nicht unbedingt etwas Positives bedeuten und eine gewisse Vorbereitung gehört auch dazu. Also werden wir aufgefordert, mal alle Schulbücher und Hefter an den Wohnzimmertisch zu bringen, damit sich die Erziehungsberechtigten ein Bild darüber machen können, womit wir uns den ganzen Tag beschäftigen. Dann müssen wir auch noch Hausaufgabenheft und Zensurenspiegel vorzeigen, wobei letzteres ganz unangenehm sein kann, wenn es uns nämlich gelang, die verunglückte Geografie-Note zu verschweigen.

Die Eltern werden immer unruhiger und aufgeregter, je näher das Ereignis rückt. Wir stehen unter größerer Beobachtung als jemals zuvor und müssen uns des öfteren Verhören über Schule, Freizeit und ähnlichem stellen.

Ist der große Tag da, machen sich die Eltern fast genauso fein, als wenn sie ins Theater wollten, schauen uns zum Abschied nochmals streng und prüfend in die Augen, bevor sie sich endlich auf den Weg machen.

Während sie weg sind, holen wir noch einmal unsere Verteidigungsrede aus der Schublade, um ihr den letzten Schliff zu geben, und dann tun wir gut daran, bereits zu schlafen oder zumindest so zu tun, sobald sie zurückkommen, denn ihre Standpauken können wir im ausgeruhten Zustand viel besser ertragen und auch wesentlich intelligenter widerlegen.

GRUND 81: DIE ERSTE VIER IN MATHE

Schon für uns ist die erste Vier in Mathe ein Schock, haben wir doch fest daran geglaubt, den Stoff zu beherrschen. Nun, wir haben uns wohl geirrt und der Weg nach Hause kam uns sonst immer viel länger vor. Aber das hilft nichts, irgendwann müssen wir die Zensur doch vorzeigen, zumal wir den Eltern im Vorfeld von dieser Arbeit erzählt haben, und sie nun schon ganz gespannt auf das Ergebnis warten. Und wir warten auf den richtigen Zeitpunkt.

Günstig ist es, wenn die Eltern entspannt von der Arbeit heimgekommen sind und schon eine Tasse Kaffee vorfinden. Im weitreichenden Gespräch kann man dann ganz am Rande die Information über die schlechte Note anbringen, am besten ein wenig versteckt, aber doch so, daß sie sich später nicht herausreden können, wir hätten nichts davon gesagt.

Auf keinen Fall sollte man mit der Tür ins Haus fallen und die Mathearbeit auf den Tisch ins Wohnzimmer legen, wo die Eltern sie dann unkommentiert vorfinden, denn so etwas löst in Erziehungsberechtigten für gewöhnlich einen grausamen Horrorfilm aus, in dem all die Berufe vor ihren Augen ablaufen, die wir nun nicht mehr ergreifen können, und wenn wir einen ganz schlechten Tag erwischt haben, endet dieser Film nicht mal mehr beim Müllmann oder Straßenkehrer, sondern mit uns, wie wir an einem Straßenrand sitzen, einen Hut vor uns und einen Blindenstock.

Natürlich werden wir geduldig ihren Vortrag über die Notwendigkeit des Lernens, unseren Fleiß und unsere zukünftig von ihnen erhofften Anstrengungen über uns ergehen lassen und ihnen versichern müssen, noch mehr zu üben und immer zu ihnen zu kommen, sollten wir Fragen haben. Und wir werden auch gleich morgen nach einer zusätzlichen Hausaufgabe fragen, um die Zensur möglicherweise ein wenig zu verbessern, denn schließlich wollen wir ja nicht so enden wie sie!

GRUND 82: DER ERSTE FREUND

Eines Tages ist es soweit und man selbst unsterblich verliebt! Natürlich will man sein Glück teilen, und das tut man zuerst mit der Freundin, dann vielleicht mit dem Bruder und irgendwann, notgedrungen, auch mit den Eltern, die in letzter Zeit sowieso immer wissen wollen, wo man denn ständig hingehe und ob sie uns denn überhaupt noch zu Gesicht bekämen. Nun, mit der Zeit fühlt man sich dann schon genötigt, von seiner Eroberung zu berichten, obwohl man natürlich weiß, daß man ihnen damit unsäglichen Kummer bereiten muß, den man ihnen eigentlich ersparen wollte, aber sie fragen ja andauernd!

Also beginnt man mit der Erzählung und Beschreibung des Freundes und schlagartig wird den Eltern bewußt, was sie bisher erfolgreich verdrängt hatten, nämlich daß «das Kind» doch tatsächlich schon das dreizehnte Lebensjahr weit überschritten hat.

Mutti versucht sich mit der Tatsache zu beruhigen, daß sie uns bereits aufgeklärt hat, und wir uns ihr ganz sicher anvertrauen werden, sollte es zu intimeren Schritten kommen, zumal sie ja die Telefonnummer des Gynäkologen hat. Vati ist da schon um einiges aufgeregter, ist doch da ein männliches Wesen im Begriff, ihm seine Prinzessin zu rauben und die, ahnungslos und verliebt wie sie ist, bemerkt die Gefahr nicht einmal, die hinter allem lauert!

Natürlich soll der Freund baldmöglichst vorgestellt werden, am besten nächsten Samstag, denn da habe man noch nichts vor und Mutti hat ein neues Kuchenrezept, das sie bei der Gelegenheit gleich mal ausprobieren kann.

Der großer Tag ist da, der Freund wird mit verschämten Küßchen unsererseits begrüßt, wobei schon das den Vater nahe an einen Herzinfarkt führt, spürt er doch schon den Verlust der Unschuld seiner Tochter, obwohl die bis jetzt noch gar nicht soweit gedacht hatte. Die Mutter guckt unauffällig auf die Hände des potentiellen Schwiegersohnes, ob denn auch die Fingernägel sauber seien, dann weiter unten auf seine hoffentlich geputzten Schuhe, dann was er sonst so trägt und somit, ob er ihrer Tochter überhaupt würdig ist.

Das Kaffeetrinken dient in diesem Falle eigentlich nicht der Nahrungsaufnahme, sondern ist vielmehr ein Test seiner Umgangsformen, Höflichkeiten und Ausdrucksweisen sowohl durch den Vater als auch durch die Mutter. Für beide, Tochter und Freund, ist dies äußerst anstrengend, wissen sie doch von vornherein, daß, sobald sie das Haus heute abend Richtung Disko verlassen haben, eine umfassende Auswertung über ihn und damit ihre Wahl erfolgt, in deren Konsequenz am nächsten Morgen von der Mutter ein wohlwollendes Lächeln (sehr selten) oder ein ernstes Gespräch (viel zu oft) zu erwarten ist, auch darüber, daß der Umgang mit dem Vater in nächster Zeit von sehr viel Fingerspitzengefühl und Takt geprägt sein sollte, sei es doch für ihn besonders schwierig, die Verlustangst hinsichtlich seiner Tochter zu bewältigen. Dabei sollte er sich lieber freuen, daß sein Kind begehrt ist, heißt das doch, daß es später einmal abgesichert und geschützt sein wird, wenn er nicht mehr dafür sorgen kann. Aber statt beruhigt zu sein und sich ein klein wenig mit uns über das eben erst kennengelernte Glück zu freuen, sehen Eltern schon wieder nur nicht endende schlaflose Nächte voller Liebeskummer, Enttäuschungen und andere Probleme, die ihre Tochter heimsuchen werden, vor denen sie sie schützen wollen, das aber ausgerechnet nicht sollten, denn tiefe Trauer ist genau wie unglaubliche Hochgefühle ein Muß für jede Jugend, und wenn man beides nicht mitgemacht hat, hat man mit vierzig zu Recht das Gefühl, in seinem Leben etwas Entscheidendes verpaßt zu haben.

GRUND 83: «MAMA, ICH BRAUCHE DIE PILLE!»

Anstatt sich zu freuen, wie verantwortungsbewußt wir mit dem Thema Verhütung umgehen, wird diese Frage zunächst zu Spannungen zwischen Mutter und Tochter führen, zeigt sie doch, daß aus der Tochter eine junge Frau geworden ist, die bald ihre eigenen Wege gehen wird, und so war das ja nun auch wieder nicht gemeint. Außerdem muß man erste Erfahrungen nicht schon mit fünfzehn sammeln, und man habe doch noch so viel Zeit, und ob man denn wirklich sicher sei, daß ausgerechnet er der Richtige für uns ist.

Es wird eine Weile dauern, bis sie sich damit abgefunden hat, daß wir auf unserem Ansinnen bestehen, doch irgendwann wird sie bewußte Telefonnummer rausrücken, denn so früh Großmutter zu werden, ist ihre Sache nun doch nicht, und natürlich weiß sie, daß wir in der Lage sind, selbst mittels Telefonbuch eine Frauenarztpraxis zu finden und ihrer Zustimmung in diesem Alter nicht mehr bedürfen. Da hat sie die Dinge doch lieber so weit wie möglich unter Kontrolle, wenn sie sich schon nicht mehr ändern lassen.

Wahrscheinlich wird sie uns in den nächsten Wochen und Monaten verstärkt beobachten, ob wir uns irgendwie verändern, obwohl ihr sicher bekannt ist, daß sie uns das erste Mal und auch die folgenden nicht ansehen kann, aber man weiß ja nie, und vielleicht brauchen wir irgendwann doch ihren Rat in der einen oder anderen Frage, wobei wir uns natürlich hüten werden, sie soweit Anteil an unserem Intimleben haben zu lassen, denn privat ist privat und das muß sie akzeptieren!

GRUND 84: «DARF ICH BEI IHM ÜBERNACHTEN?»

Eines Tages stellt man diese Frage, auch, weil man den Eindruck hat, daß sich die Eltern mit dem Verhältnis ihrer Tochter abgefunden haben, und tritt damit voll ins Fettnäpfchen, denn alle Befürchtungen, die die Eltern mühsam in sich unterdrückt hatten, brechen nun hervor. Natürlich kann man anbringen, daß es Quatsch wäre, mitten in der Nacht durch die Stadt heimzufahren, wo doch die Party schon beim Freund stattfindet, und daß seine Eltern auch da sein werden – sie werden darauf bestehen, daß wir heimkommen, und wenn sie uns selbst noch nachts halb drei irgendwo abholen!

Allerdings sollten wir sie niemals (!) mit folgender Frage konfrontieren: «Was kann man nachts machen, was man nicht auch tagsüber machen kann?» Denn wenn sich die Eltern bis hierher noch einigermaßen in der Gewalt hatten, wird man sie jetzt von einer Seite kennenlernen, die man an ihnen nie vermutet hätte! Und auch das nachfolgende Partyverbot sowie die folgende Woche ohne Freund sind das einfach nicht wert.

GRUND 85: «DARF ER HIER ÜBERNACHTEN?»

Diese Frage ist die Spucke nicht wert, die sie braucht, um gestellt zu werden, denn sie wird sowieso verneint. Niemand holt sich den Feind ins eigene Haus!

Zwar scheint der Freund der Tochter wirklich anständig zu sein, aber er will Vaters Mädchen, und das gibt diesem Grund genug für ordentliches Mißtrauen! Dabei ist das natürlich völliger Blödsinn, auch weil er, ließe er die Übernachtung zu, die ganze Situation doch viel besser unter Kontrolle hätte und sich endlich mal direkt davon überzeugen könnte, wie glücklich seine Tochter ist, und das ist doch das was er will, oder?

GRUND 86: OOPS!

Es war ein schöner Abend. Und er war lang! Genaugenommen ging er bis heute früh halb sechs und alles, woran man sich erinnern kann, ist, daß man irgendwann sanft in den Armen seines Freundes eingeschlafen ist. – In den Armen seines Freundes???!!! Auweia!

Und wie es immer ist, kann es ungünstiger kaum kommen, und Mutti, soeben ins Zimmer geschneit, bleibt wie angewurzelt stehen, auch, weil sie eine Vorliebe für fast durchsichtige Spitzennachthemden hat und gerade eines dieser Sorte trägt, doch, Gott sei Dank, hat es ihr die Sprache verschlagen.

Natürlich sind sich alle Beteiligten einig, daß eisige Zeiten anbrechen werden, wenn der Vater das hier mitbekommt.

Mutter macht kehrt (das geht noch), der Freund zieht sich wenigstens schon an. Der Vater muß zwar an unserer Zimmertür vorbei, aber weil er dahinter seine Tochter weiß und ein diskreter Mensch ist, wird er nicht ins Zimmer gucken. Statt dessen geht er ins Bad. Mutti stellt derweil den Müll vor die Wohnungstür, damit schon mal ein Grund vorliegt, sie überhaupt jetzt schon zu öffnen. Dabei findet sie die Schuhe des Freundes, die zum Glück in einer dunklen Ecke standen. Eigentlich wäre jetzt alles ganz einfach, wenn die Badezimmertür nicht durch eine Glasscheibe verziert wäre. So tut man jetzt so, als wäre noch ein wenig Müll vergessen worden, öffnet nochmals die Tür, wobei der Freund, unter diesem Milchglas geduckt, aus der Wohnung huscht. Der Versuch, sich normal zu bewegen, gelingt ausnahmsweise, und es ist mal wieder eines der seltenen Kabinettstücke für die Familienchronik entstanden, die fünf Jahre später und dann jedes Jahr erneut, alle Familienfeiern auflockern und erheitern wird.

GRUND 87: DER NEUE FREUND

Nun haben sie sich endlich mit dem einen Freund abgefunden, ihre Scheu und Schüchternheit überwunden, sind auch mal barfuß durch die Wohnung gelaufen, wenn er da war, und jetzt? Ein Neuer! Wieder der Zinnober mit dem Kaffeetrinken, wieder Prüfungen und Vorträge, und wieder das Gefühl in ihnen, daß ihnen aber auch gar nichts erspart bleibt! Wie soll das nur enden mit der Tochter, die ständig, im Abstand von zwei Jahren, den Partner wechselt, scheinbar an jedem etwas auszusetzen hat, nur das Beste für sich will, das Männer bieten können? Was hat der nun, was der andere nicht hatte? Ist er vertrauenswürdig? Meint er es ernst mit ihr? Was ist er eigentlich, außer nett oder wortkarg? Müssen wir uns jetzt darauf einrichten, daß ausgerechnet der unser Schwiegersohn wird?

Fragen über Fragen, die die Eltern sinnlos quälen, denn sie vergessen dabei stets, daß wir diejenigen sind, die mit dem

Freund zurechtkommen müssen, und es wird der Tag kommen, an dem sie sich nach einem Enkel sehnen, und der sollte ja nun wirklich nicht auch das Kind eines Loosers sein!

GRUND 88: MAMA FINDET UNSEREN SCHWANGERSCHAFTSTEST

Bleich wird sie in unser Zimmer kommen, uns tief in die Augen sehen und fragen, ob es ein Versehen sei oder Absicht, dieses Ereignis bzw. dieser, unser, Zustand, der Ursache für ihren momentanen ist. Wenn wir Glück haben, hat sie den Test nicht ruiniert und wir können das Ergebnis noch ablesen und erleichtert aufatmen (obwohl die Tiefe ihres Aufatmens mal wieder unerreichbar bleibt) oder wir können sie gleich jetzt, in diesem Moment, vor die wahrscheinliche Tatsache des Oma-Werdens stellen, womit die Frage des richtigen Zeitpunktes bzw. das «Wie sage ich es Mutter?» uns kein Kopfzerbrechen mehr bereiten muß. Geschockt ist sie auf jeden Fall, denn daß ihr Kind die Pille nimmt, muß ja noch lange nicht heißen, daß es DAS auch tut!

Nun, passiert ist passiert, und schon wenig später werden wir keinen Einfluß mehr auf die Erstausstattung unseres Kindes und das Aussehen und die Funktionalität des Kinderwagens haben, denn hier greifen die schon in Urzeiten angelegten Mutter- und Großmutter-Instinkte. Mama wird zum Oma-Tier!

GRUND 89: PAPA FINDET UNSEREN SCHWANGERSCHAFTSTEST

Wenn wir Glück haben, hat Papa im Bad etwas gefunden, das er nicht einordnen kann. Er weiß einfach nicht, was das ist. Natürlich nur, wenn wir nicht so dämlich waren, und die

Packungsbeilage neben dem Teststab liegenließen. Wenn wir ganz großes Glück haben, ist außer uns gerade niemand zu Hause, den er danach fragen kann, und deshalb kommt er zu uns. Wir können ihm nun immer noch erklären, daß das ein ganz spezieller Hormontest für Frauen ist (nicht mit Vitaminen und ähnlichem anfangen – er könnte sich auch testen wollen!), und für gewöhnlich gibt er sich damit zufrieden, denn für Frauensachen ist die Mutter zuständig und die weiß darüber ganz sicher Bescheid.

Wenn wir nun aber Pech haben und einen ganz aufgeweckten und in Frauenzeitschriften belesenen Vater, kann es passieren, daß spätestens dieses Ereignis ihn in die Midlife-Crisis stürzt, denn eine erwachsene oder zumindest fast erwachsene Tochter zu haben, bedeutet doch, daß man alt sein muß! Außerdem glaubt er nun, seine Tochter gänzlich verloren zu haben, denn jetzt verbinden nicht nur geistige Dinge diese mit einem anderen Mann, sondern auch körperliche, die der natürlich nur einsetzt, um sie von ihm zu trennen und statt dessen an sich zu binden, und das schürt die Eifersucht wie der Sauerstoff das Feuer.

Auch wenn es nicht so ist, wird er sich in jedem Fall sofort mit seiner Frau, die unsere Mutter ist, beraten, noch bevor wir dazu kamen, und ein Donnerwetter ist uns in 89% der Fälle gewiß, obwohl es für Kinder nur gut sein kann, wenn die Eltern noch nicht so alt sind, denn je älter, desto wunderlicher – wir erleben es jeden Tag ...

GRUND 90: GRÜNE HAARE

Was für eine Arbeit! Zuerst in den Drogeriemarkt und Blondierung gekauft, dann in den Underworld-Laden, um die grüne Haarfarbe zu erstehen, danach zu einem guten Freund, der entweder schon eine eigene Wohnung hat oder an Haarfärbeaktionen gewöhnte Eltern. Haare waschen, Blondierung auftragen, warten ... Nach frühestens einer halben Stunde die Blondierung auswaschen, ein wenig trockenrubbeln, Gummihandschuhe an und die grüne Farbe auf den Kopf! Wieder warten, jetzt zwei Stunden für ein optimales Farbergebnis, später dann ausspülen, die Haare cool in alle Richtungen gestrubbelt, so trocknen und äußerst selbstbewußt auf den Heimweg gemacht! Dabei kann man schon mal seine Coolness und Gelassenheit auf die Probe stellen, denn beides wird man gleich gründlich brauchen, nämlich beim Guten-Abend-Sagen im elterlichen Wohnzimmer.

Ich wünsche allen, die sich dieser Gefahr aussetzen, ein Gehör, das bei Bedarf auf totalen Durchzug gestellt werden kann, Nerven wie Drahtseile oder zumindest eine gewisse Abgebrühtheit gegenüber bestimmten Bemerkungen von seiten der Eltern, sowie einen unerschütterlichen Glauben an sich selbst, denn nicht selten entpuppen sich Eltern, die man sonst als tolerante und aufgeschlossene Mitmenschen kennt, in dieser Situation als stockkonservative und alles andere als verständnisvolle Zeitgenossen, denen es zu beweisen gilt, daß man immer noch ihr Kind ist und nicht das Wesen einer fremden Welt.

GRUND 91: DAS ERSTE PIERCING

Inzwischen kommen Piercings ja derart in Mode, daß man direkt damit rechnen muß, eines Tages seinem Bankangestellten gegenüberzustehen, an dessen Augenbraue es dann verdächtig blitzt. Auch Nasenringe, die bis vor einiger Zeit für gewöhnlich nur im afrikanischen Busch oder ähnlich abgelegenen Orten getragen wurden, haben sich unaufhaltsam den Weg in Chefsekretärinnenzimmer, Arztvorzimmer und Behörden gebahnt. Schauspieler schwören zunehmend auf diesen

Schmuck, und das Bauchnabelpiercing der Verkäuferin im Schuhgeschäft fand Mama schon ganz süß.

Aber wehe, wehe, das eigene Kind kommt mit dergleichen Schmückung heim! Erst die Sorge um gesundheitliche Folgen, dann gleich Sorge um die gesellschaftlichen ... Dabei hat man nach wie vor nicht vor, beamtet zu werden, Dienst in Polizei oder Armee zu tun oder im Hilton zu speisen (wobei letzteres mit einem dicken Piercing im Gesicht wahrscheinlich ein irres Erlebnis sein würde!). Und wieder muß man den Eltern plausibel machen, daß das ganze mit der Mode und nicht mit Fehlern in ihrer Erziehung zu tun hat, und das kostet wirklich Nerven!

GRUND 92: DAS ERSTE TATTOO

... ist genau wie die grünen Haare und das erste Piercing ein Problem unserer Eltern, mit dem sie uns unter Druck zu setzen suchen. Haben sie vergessen, daß sie wie die Beatles rumgelaufen sind, oder noch schlimmer, wie Elvis? Hätten sie damals auf ihre Eltern gehört und solcherlei Dinge unterlassen, müßten sie sich heute nicht aufregen!

GRUND 93: BESOFFEN HEIMKOMMEN

In dieser Situation stellt sich heraus, ob unsere Eltern noch recht junggeblieben sind oder schon verdammt lang alt. Erinnern sie sich nämlich noch an ihre Jugendweihe (mit Konfirmationen habe ich nicht so die Ahnung, aber bei Jugendweihen wurde schon immer viel getrunken – vor allem von den Weihlingen!), dann wissen sie, wie unvergeßlich und unverzichtbar es ist, die Erfahrung des Nicht-mehr-wissen-wie-man-heimgekommen-ist zu machen. Doch auch das muß nicht heißen, daß sie einem besoffenen Heimkommen aufgeschlossen gegenüberstehen. Spätestens wenn man zwar das Klo anzuschreien meinte, wegen Koordinationsproblemen jedoch das Ziel verfehlte und sich neben der Schüssel übergab, hört das Verständnis in der überwiegenden Zahl der Fälle auf. Außerdem verstehen es Eltern meisterhaft uns am nächsten Tag zu gängeln mit Bemerkungen wie: «Was mußt du auch so viel trinken?» Dabei soll man trinken! Zwei bis drei Liter pro Tag!

GRUND 94: SIE FINDEN UNSERE ZIGARETTEN

Wie alle Eltern denken auch unsere Eltern, daß sie alles von uns wüßten. Bis – ja bis sie unsere Zigaretten finden. Möglicherweise ist es günstig in dem Moment zu behaupten, die Schachtel gehöre der Freundin. Das hängt aber von der Freundin oder von deren Eltern ab, denn es ist denkbar und wahrscheinlich, daß unsere Eltern die Eltern der Freundin informieren wollen, welch schlechte und vor allem auch gesundheitsschädliche Angewohnheit sie hat. Auch halten sie plötzlich unseren Umgang für überdenkenswert, denn irgendwie sind ja alle Raucher süchtig und damit auch ein bißchen kriminell?! Womöglich bekommen wir jetzt noch einen Vortrag zu Gehör, daß Rauchen Falten, graue Haut und Lungenkrebs verursacht und das Leben drastisch verkürzt. Gut ist es in diesem Fall, wenn ein Elternteil oder gar beide Raucher sind, denn dann kann man sie mit den eigenen Waffen schlagen. Ansonsten muß man womöglich versprechen, nie mit dem Rauchen anzufangen, auch aus eben genannten Gründen, und ist nur noch im Streß von wegen Deo, Mundspray etc. Dabei ist es unsere Gesundheit, die wir ruinieren und auf die sie plötzlich wieder ein ganz scharfes Auge werfen, obwohl sie uns weiterhin kein Schulbrot schmieren werden, was für unsere Gesundheit förderlich wäre, genauso wie mehr Freizeit und weniger Hausarbeit.

GRUND 95: ICH BIN VEGETARIER

Diese Offenbarung am Abendbrottisch wirkt ähnlich wie die Aussage: «Ich bin lesbisch» oder «Ich bin schwul». Die Reaktion wird in jedem Fall die Gleiche sein! Obwohl das zwar alles nichts ist, weshalb man sich ernsthaft Sorgen machen müßte, werden sie uns zweifelnd, ungläubig und mit einem Anflug von Entsetzen in den Augen anschauen, dann mustern, dann überlegen, ob man jetzt noch ihr Kind sein kann oder ob eine Enterbung angebracht wäre. Nächtelang werden sie diskutieren, was sie falsch gemacht haben, ob es eine Sache der Gene ist oder des Fernsehens, ob das heilbar ist und wie uns am besten zu helfen sei. Dabei fühlen wir uns wohl ohne Fleisch und Wurst, und bis auf unsere Super-Figur haben wir uns kein bißchen verändert, und doch schüttelt Vati beharrlich den Kopf und betet insgeheim, daß diese, unsere Phase möglichst bald enden möge!

GRUND 96: ICH ZIEHE AUS

Es ist soweit, wir fühlen uns reif und gut vorbereitet auf die Grausamkeiten des Lebens (obwohl wir natürlich noch keine Ahnung haben, wie fürchterlich grausam diese Grausamkeiten sein können!), daß wir beschließen, uns auch mal außerhalb unseres Elternhauses behaupten zu wollen. Am besten in einer eigenen Wohnung. Wenn wir schlau sind, haben wir uns schon vorher Gedanken über Finanzierung etc. gemacht, denn das wird die erste Frage sein: «Wovon willst du das bezahlen?»

Auch wenn wir es ihnen plausibel machen konnten und sie in mühevoller Kleinarbeit davon überzeugt haben, daß es einfach Zeit ist für uns, auf eigenen Füßen zu stehen und kein böser Wille, und daß sie wirklich die besten Eltern der Welt sind, werden sie verschnupft auf unser Ansinnen reagieren.

Auch hier empfiehlt sich, wie in den Fällen zuvor, äußerst behutsames Vorgehen.

Günstig ist es, wenn man schon vorher viel unterwegs war, denn dann wird man nicht so sehr vermißt, wenn man demnächst nur noch am Sonntag zum Essen kommt, und zwischendurch nicht mehr. Es nützt übrigens gar nichts, sie darauf aufmerksam zu machen, daß sie sich nach unserem Auszug nicht mehr über unsere liegengelassenen Socken ärgern müssen oder die Krümel in der Küche, daß die Zeiten der lauten Musik, des unaufgeräumten Kinderzimmers und des ewigen Besetztzeichens am Telefon ein Ende haben – plötzlich ist es gerade das, was sie an uns lieben.

Mit allen Mitteln werden sie versuchen, uns zurückzuhalten, und sei es nur ein scheinbar resigniertes Ist-mir-doch-egal-Schulterzucken, denn sie wissen schon, was sie verlieren, wenn wir ausziehen: Einblicke! Sie werden keine Kontrolle mehr über uns haben können, müssen glauben, was wir ihnen erzählen, auch, daß es uns gut geht. Obwohl, sie von letzterem zu überzeugen, wird wohl wieder Jahre brauchen, Jahre, die uns kostbare Nervenkraft rauben und damit unser Leben wieder nur schwieriger machen.

VI. DIE ERSTE EIGENE WOHNUNG –
DIE ERSTE *EIGENE* WOHNUNG?

Ja, die Vermutung ist richtig: auch die eigene Wohnung heißt nicht, daß man sich endlich dem elterlichen Einfluß entzogen hat. Vielmehr ist jetzt erst recht der Kampf um die persönliche Freiheit angesagt, will man verhindern, daß man jeden Sonntag nachmittag Kaffee-Gäste hat oder die Mutter mittels Nachschlüssel die Ordnung und das Bezahlen der Rechnungen überwacht. Daher wäre es zu überlegen, ob man seine Wohnung nicht von vornherein weit weg von der elterlichen suchen sollte, in einer anderen Stadt, oder noch besser, in einem anderen Land. Doch auch dann werden die nachfolgend aufgeführten Gründe noch Bestand haben, denn Eltern bleiben Eltern. Ein Leben lang.

GRUND 97: ALTE TELLER, ALTE TASSEN

Die letzten Kisten sind geholt und es ist uns zumindest ansatzweise gelungen, die Eltern davon zu überzeugen, daß sie stolz auf sich sein können, uns zu so selbständigen und lebenstüchtigen Menschen erzogen zu haben, die voller Mut und Zuversicht ihrem Leben außerhalb der elterlichen Geborgenheit ins Auge sehen und tapfer in die erste eigene Wohnung ziehen und damit in den Kampf gegen leere Kühlschränke, ungeheizte Räume, zahllose Rechnungen, Unordnung, schlicht: Chaos. Um uns diesen Kampf zu erleichtern, geben sie uns Andenken mit, die uns sowohl das Leben in der Fremde ein wenig angenehmer machen sollen, als auch Erinnerung daran sind, woher wir kommen. Da wäre z.B. das Frühstücksservice, das immer sonntags auf den Tisch kam, als wir noch klein waren. Und auch die alte Küchenreibe, an der wir im Alter von vier Jahren fast unseren rechten Daumen losgeworden wären. Und natürlich ist die Kakao-Kanne dabei, aus der wir kurioserweise nie Kakao getrunken haben, aber hätte es Kakao aus einer Kanne gegeben, dann aus dieser. Sogar die alte Küchenmaschine, mit der wir unseren ersten Rührkuchen gerührt haben, ist aus einer hinteren Ecke des elterlichen Küchenschrankes wieder aufgetaucht. Ein Fleischwolf, der, wie aus der Originalverpackung ersichtlich ist, noch nie benutzt wurde, kommt ebenso zum Vorschein wie das Mokka-Service von der Urgroßmutter, das in einem Karton verwahrt wurde bis zu diesem Ereignis. All die anderen Schätze hier auch noch aufzählen zu wollen, die bei der Gelegenheit in unseren Besitz wechseln, weil sie in ihrem Haushalt nur Platz wegnehmen, in unserem dagegen noch Platz ist und zum Wegwerfen wäre es ja doch zu schade, würde den Rahmen dieses Buches sprengen. Deshalb nur so viel: das neue Leben beginnt ganz gewiß mit einem Haufen alten Zeugs.

Grund 98: Mama ruft dauernd an

Wer glaubt, in der eigenen Wohnung endlich mal seine Ruhe zu haben, der irrt, denn sobald man ein Telefon sein eigen nennt und Mama unvorsichtigerweise seine Nummer gegeben hat für den Ernstfall, besteht das Leben nur noch aus solchem. Man hätte ja nie gedacht, wie viele Sensationen pro Tag möglich sind! Da ist der Joghurt bei Aldi doch tatsächlich 20 Pfennige billiger geworden und abends läuft im Fernsehen ein Film mit unserem Lieblingsschauspieler (was man sich natürlich in der Fernsehzeitung bereits angekreuzt hat) und morgen hat Mutti um 13 Uhr einen Arzttermin und der Bruder hat heute schon seine neue Waschmaschine bekommen, obwohl sie gestern erst bestellt wurde. Und ihr Chef hat sie heute eine dreiviertel Stunde am Telefon aufgehalten, ohne daß er ihr was zu sagen gehabt hätte und der Wachhund auf dem Gelände hätte Bauchschmerzen gehabt und die Öllieferung in der Firma sei auch gekommen. Ob man denn abends noch mal durch die Stadt müsse, denn wenn, solle man daran denken, daß Fußball ist und deshalb mehrere Straßen gesperrt, und ob man den folgenden Witz schon kenne und das Buch, das sie zum Geburtstag bekam, ist ganz stark und heute hat es doch wieder angefangen zu regnen, gerade als sie mit dem Auto aus der Waschanlage kam, aber dafür ist der Balkon jetzt neu bepflanzt. Was man denn zur Zeit tue und man wäre wohl gar nicht fröhlich im Moment, und Grüße von der Oma, sie wandert gerade durchs Haff und übermorgen hat sie wieder Volkshochschule und wie weit wir denn mit dem Kurs seien, den wir gerade belegen?

Die Reihe ließe sich schier unendlich fortführen, und ich verzichte an dieser Stelle auch auf die Gespräche, die der Anrufbeantworter angenommen hat, denn sonst würde ich ja nie fertig werden.

GRUND 99: PAPA RUFT NIE AN

Im Gegensatz zur Mama kann man Papa ruhig seine Nummer geben – er wird sie kaum benutzen. Denn wo Mutti durchaus fünf Anrufe pro Tag mit uns tätigen kann, ist diese Anzahl Vaters Durchschnitt für ein halbes Jahr, manchmal auch für ein ganzes. Nun sollte man nicht denken, der Vater hätte uns nichts zu sagen – oh nein! Im Gegenteil! Doch er bevorzugt das direkte Gespräch ohne eventuelle unsichtbare Zuhörer, weshalb wir kaum mit ihm telefonieren werden, und wenn, dann nur kurz.

GRUND 100: GESCHENKE VON DEN ELTERN

Solange man noch zu Hause wohnt, und in dieser Situation ist man meist Taschengeldempfänger, fällt das Wünschen in der Regel nicht schwer. Bücher oder Cds, Produkte aus Katalogen und Ähnliches füllen dann den Wunschzettel. Außerdem haben die Eltern gute Einblicke in unsere Besitztümer und selbst die eine oder andere Geschenkidee. Doch sobald man einen eigenen Haushalt hat und dieser auch schon einige Jahre besteht, fällt das Wünschen unsäglich schwer.

Eine Capuccino-Maschine wäre zwar schon eine feine Sache, doch arbeiten kann man auf der Arbeitsfläche in der Küche neben Kaffeemaschine, Toaster, Grill und Sandwichmaker schon jetzt fast nicht mehr, und ein Brotbackautomat, von dem man auch irgendwie begeistert ist, würde vermutlich so viel Brot produzieren, wie man gar nicht verbrauchen kann. Statische Geschenke stellen sich spätestens beim dritten Umzug als äußerst unpraktisch heraus, und da man mittlerweile über etwas mehr Geld verfügt, kauft man Bücher und Cds vor lauter Ungeduld selbst, was mit der Zeit auch Platz wegnimmt, und überhaupt ist man inzwischen zu der Überzeugung gekommen, daß zuviel Besitz nur belastet.

Wirkliche Wünsche wären dann richtig große Sachen wie z.B. eine Stereoanlage oder wenigstens neue Boxen, Fernseher, Videorecorder, Geschirrspüler. Doch diese Sachen sind schon wieder so mit Geld verbunden, daß wir, als zu bescheidenen Leuten erzogene Kinder, sie gar nicht vorzutragen wagen.

Sich gar nichts zu wünschen, wäre allerdings auch fatal, könnte doch eben dies in Capuccino-Maschine, Brotbackautomat oder einer besonders schönen Vase enden. Und so brauchen wir zweimal im Jahr, nämlich vor unserem Geburtstag und vor Weihnachten, Stunden, um einen für alle Beteiligten akzeptablen Wunschzettel zu erstellen.

VII. STATT EINES NACHWORTES:

GRUND 101:

Wenn wir klein sind, möchten wir sein wie sie.
Sind wir Teenager, möchten wir nichts mit ihnen zu tun
haben.
Sind wir erwachsen, sind wir wie sie. –
Und das sollte uns eine Warnung sein!

IV. Die Teenie-Gründe

101 GRÜNDE SIND AUCH
101 LÖSUNGEN!

101 GRÜNDE NICHT ZU WÄHLEN von *T. Wieczorek*
ISBN 3-931476-53-7
Mit einem Vorwort von Wolf-Dieter Narr

Im September 2002 wird das deutsche Volk eine neue Regierung wählen. Haben Sie sich schon entschieden? Oder hadern Sie mit unseren Politikern? Mit deren bekannten Versprechen: Alles wird gut? Und Sie wissen, dass nichts besser wird. Thomas Wieczorek hat 101 Gründe gefunden, sich dem System zu entziehen. Warum dürfen eigentlich unsere Kinder nicht wählen? Sie sind es schließlich, die den ganzen Quatsch später ausbaden müssen! Oder finden Sie es gerecht, dass Politiker, deren Namen Sie nie gehört haben und die Sie im Leben nicht zu Gesicht bekommen werden, mit Hilfe Ihrer Zweitstimme über Listenplätze den Schutz des Parlaments mit allen Vornehmlichkeiten genießen? Thomas Wieczorek klagt nicht nur an, er klärt auch auf!

Stefanie Baumm **101 Gründe Keine Kinder zu kriegen** ISBN 3-931476-44-8
Oliver Böhm **101 Gründe Nicht in Deutschland zu leben** ISBN 3-931476-47-2
Roland Griem **101 Gründe Kein Glück zu haben** ISBN 3-931476-52-9
Roland Griem **101 Gründe Nicht zu arbeiten** ISBN 3-931476-50-2
Jens Oliver Haas **101 Gründe Ohne Frauen zu leben** ISBN 3-931476-41-3
Hannes Hansen **101 Gründe Nicht zu lesen** ISBN 3-931476-51-0
Katrin Lange **101 Gründe Ohne Eltern zu leben** ISBN 3-931476-49-9
Kowalski & Klocke **101 Gründe Kein Fernsehen zu gucken** ISBN 3-931476-40-5
Lucht & Udelhoven **101 Gründe Ohne Fußball zu leben** ISBN 3-931476-46-4
Pfeffermann & Sommer **101 Gründe Kein Auto zu fahren** ISBN 3-931476-45-6
Bernd Zeller **101 Gründe Kein Ossi zu sein** ISBN 3-931476-48-0
Bernd Zeller **101 Gründe Nicht zu studieren** ISBN 3-931476-42-1
Gerlis Zillgens **101 Gründe Ohne Männer zu leben** ISBN 3-931476-43-X